大学入試

基礎からの英文解釈クラシック

久保田智大 Tomohiro Kubota

KENKYUSHA

まえがき

「基礎」というのは「簡単」という意味ではありません。「何かをしたり考えたりするもとになることがら」（三省堂国語辞典）という定義に基づけば，本書は**「英語学習の土台となる部分を扱った本」**であると言うことができます。

学習の初期段階では，単語を覚えて文章をたくさん読めば，ある程度のレベルまでは到達できるでしょう。しかし，そのような形でなんとなく単語の意味をつなぎ合わせるだけでは，難関大学で出題されるような，あるいは大学入学後にみなさんが出会うような，高度な英文を正確に読み解くことはできません。**高いところを目指すのであれば，まずは「基礎」となる部分を徹底的に習得する必要があります。**

英文を正確に読み解く上で**「基礎」**となるのは，**「品詞」「文型」「句と節」**などの分野です。１語１語の単語の役割（品詞）をつかみ，その語がどのように配置され（文型），カタマリをつくっている（句と節）かを正確に把握していれば，**どんなに難しい文章でも確実に読み解けるようになります。**

本書では，難しい英文を読み解く上で必須となる「品詞」「文型」「句と節」を徹底的に扱っています。これらの項目に対する意識が足りないせいで英語の成績に伸び悩む生徒を，これまで何度も目にしてきました。**今まで何となく見過ごされてきた（あるいは意図的に目を逸らされてきた）「基礎」となる部分をしっかりと習得することで大きな飛躍を可能にすること**が，本書の最大の目的です。これらの「基礎」を丁寧にわかりやすく説明し，重要事項は何度も出てくるように配慮しましたので，本書を丁寧に取り組めば，難しい英文を読み解く上での盤石な基礎を築くことができるでしょう。

本書の特徴は以下の通りです。

[1] 「品詞」「文型」「句と節」をわかりやすく解説

英語上級者になるために不可欠な，しかし重点的に扱われることの少なかったこれらの分野に内容を特化させ，しっかりと説明を加えています。前提知識を必要としないように配慮していますので，「品詞」「文型」「句と節」と聞いてピンとこない人も，なんとなくしかわからない人も，問題なく取り組めるようになっています。

[2] 豊富な演習問題

英語の知識は，理解し覚えるだけではなく，「自分でその知識を使いこなせる」という状態にまで高めなければ，役立つものにはなりません。本書では「理解した」で終わることのないよう，読解に役立つ様々な種類の演習問題を取り入れています。中には難しいものも含まれていますが，一つ一つ確実にこなして解説を熟読すれば，知識が身体に内在化するのを実感することができるでしょう。

[3] 読んで楽しい素材

「品詞」「文型」「句と節」は「よくわからない……」「退屈だ……」という感想を持たれがちなのも事実です。本書では，これらの事項を正面からしっかりとわかりやすく説明するだけでなく，『桃太郎』『かぐや姫』『イソップ物語』など，耳馴染みのある，あるいは実際に読んだことがなくてもなんとなく楽しめるような素材を各所に用いて，楽しく学習が進められるよう配慮をしました。

[4]　学習法コラム

本書はこれから本格的に英語を学習しようとしている人を対象にしていますので，今後の英語学習に役立つコラムを多数掲載しました。英語学習は正しい方向に向かって十分量の努力をすれば，必ず成績が向上します。本書に掲載したコラムは，みなさんが正しい方向に向かう手助けになるはずです。

本当の意味での「基礎」が固まっていないまま走り出してしまった学習者には，本書がブレイクスルーをもたらすはずです。

「頑張っているはずなのに成績が伸びない」と悩んでいる生徒が一人でも多く救われることを，強く願っています。

久保田 智大

目次

第3章　句と節

第4章　文構造を正確に掴む

Appendix

本書の使い方

「品詞」「文型」「句と節」など，本書で扱っているものをしっかり意識すると，最初は読む速度が遅くなるでしょう。しかし，この発達段階は避けては通れません。「品詞」「文型」「句と節」を意識せずに単語だけ覚えてたくさん文章を読んでも，「正確な読み方」ができていないわけですから，間違いなく成績は頭打ちになります。**まずは「品詞」「文型」「句と節」を意識して正確な読み方を身につけて，その後でたくさん文章を読んでいくことで徐々に速く読めるようにしていけば，最終的な到達点はずっと高いものになります。**正確に読めるようにする→たくさん読む，と進むのが，英語学習の正しい方向性です。

以上のことを意識して，本書に取り組んでいきましょう。

学習方法の例

英語が苦手な人向け

❶ まずは丁寧に説明を読み進めていく。必要に応じて辞書や総合英語などを参照し，**「理解すること」を最優先にする。例文を音読し（あるいは書き写し），「理解したこと」を実際の英文と結びつけていく**。音読は日本語を見て英語がスラスラ出るようになるまで行う。

↓

❷ 演習問題や総合演習の英文は，時間を気にせず丁寧に読む。解説を読みながら自分で英文に記号（カッコや SVOC など）を振ってみる。

↓

❸ **記号が振られた文章を，形を意識しながら何度も声に出して読む**（5回程度）。最初に音声を確認し，それを真似るようにして読むとよい（最初はゆっくりと）。

↓

❹ 巻末の**「復習用英文再掲」を用いて**（すなわち，書き込みのないまっさらな文

章を用いて)，**頭の中で記号を振りながら何度も読む**(20回以上が目安)。音声も使い，音声を真似るように読んでみたり，音声と同時に読んでみたりする。

❺ 次の章に進み，同様に学習していく。

❻ 学習が完了した後も，折に触れて音読したり音声を聞いたりする。気に入った文章があれば暗唱できるくらい読み込む。

英語がある程度得意な人向け

❶ まずは丁寧に説明を読み進めていく。既に知っている(と思っている)内容であっても必ず目を通し，**知識の抜け漏れを徹底的に潰す**。例文は「理解の確認用」として必ず目を通す。

❷ 演習問題や総合演習の英文は，問題を解いて解説をじっくりと読んだ後，巻末の**「復習用英文再掲」を用いて**(すなわち，書き込みのないまっさらな文章を用いて)**解説に書かれたような読み方ができるかを試してみる**。できなかった部分は解説に戻って頭の動かし方および知識を確認する。

❸ **できなかった部分を特に意識しながら，何度も音読する**(20回以上が目安)。音声も使い，音声を真似るように読んでみたり，音声と同時に読んでみたり，文章からたまに目を上げて(=文章を見ないで)音読してみたりする。

❹ 学習が完了した後も，折に触れて音読したり音声を聞いたりする。気に入った文章があれば暗唱できるくらい読み込む。

音読のススメ

復習に際しては，**音読**することを強く薦めます。**英文の型をしっかり意識しながら何度も音読することで，英文の典型的な型やその型を読み取るための頭の使い方を**（そしてもちろん単語や表現なども）**身体に染みつけることができます。**英文の型が身体に染みつき，正しい読み取りが自動的にできるようになれば，内容理解や内容の保持に多くの認知容量を割けることになりますから，抽象的な英文も読み解けるようになりますし，もちろん読む速度も圧倒的に速くなります。**学習の初期段階においては，単語や文法の習得とともに，この「解釈の自動化」が決定的に重要になるのです。**

音読をする際には，必ず「形」や「理屈」を意識してください。何も考えずに声に出していても何の効果もありません。「こういう形だから，こういう意味になる」という「形と意味の結びつけ」を何度も頭の中で繰り返すイメージです。そうすると，「英語の型」が身体に自然と染みついていきます。**第1章は各品詞の役割と修飾関係，第2章は動詞の文型と各単語の品詞，第3章はカタマリ（句・節）を特に意識してください。**

本書にはみなさんの学習の助けとなるように，音声をつけています。以下の要領に従って音声を入手し，活用してください。

音声ダウンロード

音声は研究社のホームページ（https://www.kenkyusha.co.jp）から，以下の手順で無料ダウンロードできます。

❶ 研究社ホームページのトップページから，「音声・各種資料ダウンロード」にアクセスします。

❷ 表示された書籍の一覧から，『大学入試　基礎からの英文解釈クラシック』の「ダウンロード」をクリックしてください。ファイルのダウンロードが始まります。

❸ ダウンロード完了後，解凍してご利用ください。

本書で使われる記号

S	主語【名詞】
V	述語動詞
O	他動詞の目的語 / 前置詞の目的語【名詞】
O_1	目的語が２つある場合の１つ目の目的語【間接目的語】
O_2	目的語が２つある場合の２つ目の目的語【直接目的語】
C	補語【形容詞または名詞】
形 S	形式主語
真 S	真主語
形 O	形式目的語
真 O	真目的語
英文中の [ ]	名詞のカタマリ【名詞句・名詞節など】
英文中の ( )	形容詞のカタマリ【形容詞句・形容詞節など】
英文中の〈 〉	副詞のカタマリ【副詞句・副詞節など】
to *do*	to 不定詞。*do* は一般動詞の do「…をする」を意味するのではなく，to study, to have, to be のように様々な動詞の原形を置けることを表しています。
-ing	動詞の -ing 形。動名詞と分詞があります。
名	名詞
(代)名	代名詞
動	動詞
他 V	他動詞
自 V	自動詞
形	形容詞
副	副詞
前	前置詞
接	接続詞
助	助動詞

※本書の英文には，学習上必要な部分にのみカッコをつけています。全てのカタマリにカッコをつけている訳ではありません。

※なお，学習効果等の観点から，英文には適宜修正を加えています。

第**1**章

品詞

1　品詞・文型はなぜ重要なのか

2　品詞とは

3　名詞とその役割

4　動詞とその役割

5　形容詞とその役割

6　副詞とその役割

7　〈前置詞＋名詞〉とその役割

1 品詞・文型はなぜ重要なのか

次の英文を訳してみてください。

> The capacity(能力) to find things beautiful seems(…のように思われる) almost universal(普遍的な) (…)
>
> (津田塾大)

to find things beautiful が直前の the capacity「能力」を修飾していますが，この find things beautiful の意味は何でしょうか。「美しいものを見つける」だと考えた人は，品詞や文型が全くわかっていないと言ってよいでしょう。

find things beautiful　　✕ 美しいものを見つける

beautiful は「美しい」という意味の形容詞です。**形容詞は①「前後から名詞を修飾する」あるいは②「補語 (C) になる」のどちらかの役割を持ちます**。直前に things「もの，こと」がありますから，①の用法で後ろから things を修飾すると考えると「美しいもの」というカタマリができ，上記の (間違った) 訳になります。しかし，**形容詞は2語以上のカタマリであれば後ろから名詞を修飾しますが，1語であれば前から名詞を修飾する**のが原則です。すなわち，「美しいもの」という意味にしたいのであれば beautiful things という語順になるはずです。

find **beautiful things**　　○ 美しいものを見つける

しかしここでは things beautiful の語順なので，そのような意味にすることはできません。すると，形容詞の役割が①「前後から名詞を修飾する」ではないのですから，自動的に②「補語 (C) になる」となります。things は名詞で，名詞は文中で主語 (S)，目的語 (O)，補語 (C) になりますが，今回は目的語 (O) になります (S がこんなところに出るはずがないし，C が２つ連続するのもおかしいからです)。

よって，この表現は find (V) things (O) beautiful (C) の形になるとわかります。

find things beautiful
V O C

動詞は文型によって意味が決まります。find は SVO という第３文型だと「…を見つける」の意味になるので，先ほどの find (V) [beautiful things] (O) は「美しいものを見つける」という意味になりました。**SVOC という第５文型だと，find は「O が C だと感じる，わかる，気づく，思う」という意味**になります。よって，find things beautiful は「ものごとが美しいとわかる」という意味になります。

find things beautiful　　✕ 美しいものを見つける
V O C　　○ ものごとが美しいとわかる

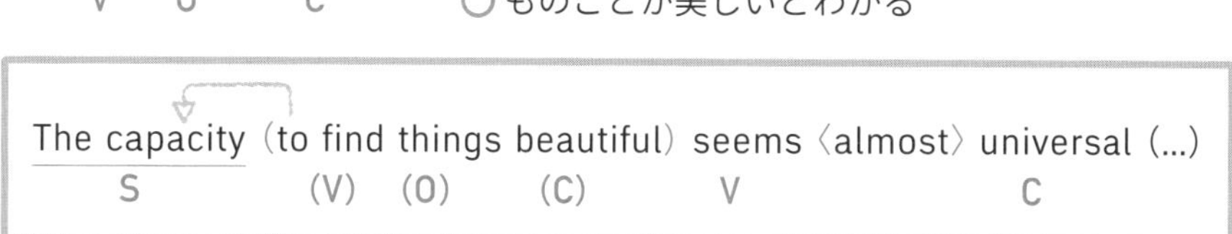

The capacity (to find things beautiful) seems 〈almost〉 universal (...)
S (V) (O) (C) V C

和訳｜ものごとが美しいとわかる能力（＝美を認識できる力）は，ほとんど普遍的なものであるように思われる

以上のように，**英語は語順が変わると意味が大きく変わってしまう言語**なのです。日本語は語順に対して大変寛容な言語なので，日本語を母語とする私たちが英語を学ぶ際には，語順に注意しなくてはならないのです。そして，この語順と動詞の型を典型的な形に落とし込んだものが「文型」であり，その基礎となるのが「品詞」なのです。

「品詞」「文型」を意識することは，最初は面倒に感じられると思います。しかし，上記で見てきたように，正確な読解には絶対に欠かせないものなのです。早いうちに身につけてしまいましょう。

2 品詞とは

品詞とは，単語を形式や働きによって分類したもので，細かく分けると次の10品詞があります。

品詞	主な役割	例
名詞	「もの」「こと」や人・場所の名前を表す	book, kindness, Aladdin, London
代名詞	名詞の代わりとして用いられる	it, they, you, this, what
動詞	動作や状態を表す	run, study, keep, have
形容詞	名詞の性質や状態を説明する	kind, beautiful, high
副詞	名詞以外（動詞，形容詞，副詞，文全体）を修飾する	kindly, often, fast
前置詞	名詞とセットで形容詞や副詞の働きをする	at, on, according to
接続詞	語・句・節を連結する	because, that, and
冠詞	名詞の特定／不特定を表す	a, an, the
助動詞	動詞に意味を付け加える	can, must, should
間投詞	話し手の感情を表す	oh, damn, oh my god

正しく読むためには，品詞の知識が必要不可欠です。ただし，前置詞は〈前置詞＋名詞〉という形でセットになり形容詞や副詞の役割を果たしますし，間投詞などは読解に直接必要なものではありません※。そうした観点から整理すると，英文を読むために必要となるのは，**名詞，動詞，形容詞，副詞の「基本４品詞」が中心**になります（少し安心しましたね）。以下では基本４品詞に関して説明していますので，これらをしっかりと学習していきましょう。

※　その他，名詞と代名詞は似たように扱えるのでセット / 接続詞は〈接続詞＋SV〉で名詞や形容詞や副詞の役割などを果たす / 冠詞は名詞とセット / 助動詞は動詞とセットと考えます。

名詞とその役割

book「本」や kindness「優しさ」などの**「もの」「こと」**，または Aladdin「アラジン」，London「ロンドン」といった**人や場所などの「名前」を表す品詞を名詞**と呼びます。

名詞の例

book 本　kindness 優しさ　son 息子　widow 未亡人　story 話
Aladdin アラジン（人名）　London ロンドン　China 中国

名詞は文の中で主語（S），他動詞や前置詞の目的語（O），補語（C）のいずれかになります。

文中での名詞の働き
① 主語（S）
② 他動詞の目的語（O）
③ 前置詞の目的語（O）
④ 補語（C）

表の①～④の例を次の英文で見てみましょう。

Momotaro was **a brave young man** who fought **demons** with **his companions**.
（勇敢な＝brave，若い＝young，…と戦う＝fought，鬼＝demons，お供＝companions）

Momotaro：S（①）　was：V　a brave young man：C（④）　fought：V　demons：他動詞のO（②）　his companions：前置詞のO（③）

和訳｜**桃太郎**は，**お供**とともに**鬼**と戦った**勇敢な若者**だった。

▶ Momotaro「桃太郎（人名）」という名詞は文の**主語**（S ← subject「主語」の頭文字）です。主語とは**文の主題となるもの**で，日本語だと主に「…は」「…が」にあたります。

▶ a brave young man「勇敢な若者」は**補語**（C ← complement「補語」の頭文字）で

す（a man という名詞に brave「勇敢な」と young「若い」という形容詞がついています）。補語は**主語や目的語が「何なのか」「どのような状態にあるのか」などを表す**要素です。上記の例では，桃太郎が「勇敢な若者だった」という内容を表しています。補語は原則として SVC の時には S＝C の関係が成立しますので，ここでも Momotaro＝a brave young man という関係が成立しています。（なお，この辺りは第２章「文型」で詳しく扱います。S/V/O/C に慣れていない人はその説明を待ってくださいね。）

▶ demons「鬼」は**他動詞の目的語**（O ← object「目的語」の頭文字）です。目的語には「他動詞の目的語」と「前置詞の目的語」の２種類があります。**「他動詞の目的語」は動詞で表される行為や動作の対象となる要素を表します**。ここでは他動詞 fought（← fight「…と戦う」の過去形）の目的語として，「戦う」という**動作の対象**として用いられています。

▶ companions「お供」は前置詞 with の目的語です。**「前置詞の目的語」は，単純に〈前置詞＋名詞〉のセットで用いられる名詞のこと**だと覚えておいてください（〈前置詞＋名詞〉のセットの役割に関しては本章６節で扱います）。

非常に大事なことなのでもう一度繰り返しますが，**名詞は文の中で主語（S），他動詞や前置詞の目的語（O），補語（C）のいずれかになります。そして，名詞は文中で必ずこのうちのどれかの役割を果たします**。S でも O でも C でもない，**いわば「名詞が余っている」ということはありません**。また，**１つの名詞が文中で主語（S）でもあり，かつ前置詞の目的語（O）でもある，というように，２つの役割を兼ねることもありません**。これらの考え方が正確な英文解釈の基本になります。

品詞や S/V/O/C に慣れていない人も心配しないでください。この本を読み進めていくうちに，少しずつ慣れていくはずです。頑張っていきましょう。

動詞とその役割

動詞とは，run, study, keep, have など，**人や物事の動作や状態**を表す品詞です。

動詞の例

run 走る　study 勉強する　eat 食べる　move 動く　→ 動作を表す

know 知っている　have 持っている　exist 存在する　→ 状態を表す

動詞は文中で**述語動詞**（V ← verb「動詞」の頭文字）の役割を果たします。**「動詞」は品詞の名前**（すなわち，「名詞」「形容詞」「副詞」と同じカテゴリ）で，**「述語動詞」は文の中での働きの名前**（すなわち，「主語（S）」「目的語（O）」「補語（C）」と同じカテゴリ）を表します。ただし，「述語動詞」が単に「動詞」と呼ばれることも多く，本書においても，述語動詞を「動詞」と記すことにします。

He **read** the story of Aladdin.
S　V　O

和訳｜彼はアラジンのお話**を読んだ。**

►read「…を読む」という動詞（＝品詞名）が，文中で V（＝働き）になっている。

文中での役割	その役割を果たすことのできる品詞
主語（S）	名詞
（述語）動詞（V）	動詞
目的語（O）	名詞
補語（C）	形容詞，名詞

動詞の役割は「文型」と密接に関係するので，第２章で詳しく扱います。ここでは次に進んでしまいましょう。

形容詞とその役割

形容詞は名詞を修飾したり，名詞に説明を加えることで，**名詞の状態や性質**を表す品詞です。

形容詞の例

kind 優しい　beautiful 美しい　high 高い　famous 有名な

形容詞は文中で①**「前後から名詞を修飾する」**②**「補語(C)になる」**のうち，必ずどちらかの役割を果たします。

(a) a **famous** man　有名な男

▶形容詞 famous が名詞 man を前から修飾(①)

(b) a man **famous** for his artistic talent　芸術的才能で有名な男

▶形容詞 famous が名詞 man を後ろから修飾(①)

famous for ...「…で有名な」のように，〈前置詞＋名詞〉などを伴って２語以上になっている場合，後ろから名詞を修飾できます(⇒詳しくは第３章２節・６節で扱います)。

(c) The man is **famous**.　その男は有名だ。
S V C

▶形容詞 famous が補語(C)(②)

(d) The painting made the man **famous**.　その絵画がその男を有名にした。
S　V　O　C

▶形容詞 famous が補語 (C) (②)
▶make OC で「O を C にする」

なお，(d) の famous が the man を修飾していると考えて「有名なその男を作った」(?) と解釈することはできません。p. 2 でも見たように，1語の形容詞は前から名詞を修飾する形が基本だからです。

○ the famous man　✕ the man famous

形容詞は①か②の「必ず」どちらかの役割を果たします。これが複雑な文を解釈する上で大きな手掛かりになることがよくあります。例えば，次の文中の下線部の形容詞 clear の役割は何でしょうか。

The stories students told Rebecca made the reality of being hungry while trying to learn painfully clear. (法政大)

※ The stories students told Rebecca「学生たちがレベッカに語った話」とは，次の食事もままならないという学生の話のこと。

〈注〉reality 名 現実 | while -ing …している間に | painfully 副 (clear を修飾している) 痛ましいほど

副詞 painfully は clear を修飾していますが，painfully clear「痛ましいほど明らかな」の直前にも直後にも名詞はありません。すると，形容詞 clear は**①「前後から名詞を修飾する」の用法になれないので，自動的に②「補語 (C) になる」の用法だとわかります**。ここでは，前に出てくる made が make OC「O を C にする」という形をとれることを考えれば，made (V) the reality (of ...) (O) painfully clear (C)「(…という) 現実を，痛ましいほど明らかにした」という意味だとわかります。

↓関係代名詞の省略（後ほど扱います）

The stories (students told Rebecca)
S

while -ing「…している間に」

made the reality (of being hungry 〈while trying to learn〉) 〈painfully〉 clear.
V O C

和訳｜学生たちがレベッカに語った話は，学ぼうとしている間も飢えているという現実を，痛ましいほど明らかにした。

重要な部分はしっかり演習して定着させましょう。次ページの問題を解いてみてください。

演習問題

次の文中で「形容詞」を全て指摘し，それぞれについて①「前後から名詞を修飾する」②「補語（C）になる」のどちらの役割をしているかを答えなさい。

1 What happened? You look sad.

2 The girl made a sad face.

3 I cooked grilled chicken yesterday. It was so tasty!

4 The tradition particular to the area is dying.

5 The paper has many interesting points.

6 He kept silent for a long time.

7 Keep the window open. It's so hot here.

8 This is a song familiar to many children.

9 The melody makes the song familiar to us.

解　答

01

1 What (S) happened (V)? You (S) look (V) **sad** (C).
名（疑問代名詞）　動　(代)名　動　形

和訳｜何が起こったの？　悲しそうだね。

►sad は②補語 (C) になっています。look は look + C で「C に見える」の意味になるので，「あなたは悲しいように見える」(直訳) から「悲しそうだね」と訳せます。

2 The girl (S) made (V) [a **sad** face] (O).
名　動　形　名

和訳｜その小さな女の子は悲しい顔をした。

►sad は①直後の名詞 face を修飾しています。

3 I (S) cooked (V) [**grilled** chicken] (O) 〈yesterday〉. It (S) was (V) so **tasty** (C)!
(代)名　動　形　名　副　(代)名　動　副　形

和訳｜昨日，グリルで焼いたチキンを作りました。とっても美味しかったです！

►grilled は①直後の名詞 chicken を修飾，tasty は②補語 (C) になっています。so は副詞で tasty を修飾しています。

4 The tradition (**particular** to the area) (S) is dying (V).
名　形　前　名　動（現在進行形）

和訳｜その地域特有の伝統は失われつつある。

►particular to the area「その地域特有の」でカタマリとなって，①直前の名詞 tradition を修飾しています。２語以上の形容詞は後置修飾（＝後ろから修飾）になることに注意してください（詳しくは⇒第３章２節・６節）。

5 The paper (S) has (V) [**many interesting** points] (O).
名 動 形 形 名

和訳｜その論文には多くの興味深い論点がある。

▶many も interesting も，ともに①名詞 points を修飾しています（正確には，interesting が points を修飾し，interesting points という名詞のカタマリを many が修飾しています）。

6 He (S) kept (V) **silent** (C) 〈for a **long** time〉.
(代)名 動 形 前 形 名

和訳｜彼は長い間黙ったままでいた。

▶silent は②補語（C），long は①直後の名詞 time を修飾しています。keep ＋ C で「C のままでいる」という意味になるので，keep silent で「黙ったままでいる」という意味です。

7 Keep (V) the window (O) **open** (C). It's (SV) so **hot** (C) 〈here〉.
動 名 形 (代)名＋動(It is) 副 形 副

和訳｜窓は開けたままにしておきなさい。ここはとっても暑いんだから。

▶open は keep OC「O を（意図的に）C のままにする」の②補語（C）として，hot は be 動詞の②補語（C）として，それぞれ働いています。

8 This (S) is (V) [a song (**familiar** to **many** children)] (C).
(代)名 動 名 形 前 形 名

和訳｜これは多くの子供に馴染みがある曲です。

▶familiar が形容詞で，familiar to many children「多くの子供に馴染みがある」で 2 語以上の形容詞となり，①後ろから直前の名詞 song を修飾しています。many は①直後の名詞 children を修飾しています。

9 The melody (S) makes (V) the song (O) **familiar** to us (C).
名 動 名 形 前 名

直訳｜そのメロディーがその歌を私たちに馴染みがあるものにしている。
意訳｜そのメロディーのおかげで，その歌は私たちに馴染みがある。

►familiar が形容詞で，familiar to us「私たちに馴染みがある」というカタマリが make OC「O を C にする」の②補語（C）として働いています。

Q&A

Q　文法をあまり意識してこなかったのですが，しっかりやったほうがよいですか？

A　はい，もちろんです。本書で繰り返し示しているように，**正確な解釈には文法的知識が不可欠です。「文法が弱い」という自覚がある人は，まずそこを鍛えましょう**。文法には大きく分けると「①読解のための文法」「②作文のための文法」「③文法問題のための文法」があります。優先的に身につけるべきは①であり，これは本書でその大部分を扱っています。まずは本書を繰り返し復習し，特に弱い部分があれば学校や塾の教材，あるいは手持ちの文法問題集で関連する部分を見直してみましょう。全体的に強化したいのであれば，類書（英文解釈の基礎的な参考書・問題集）をやってみるのもよいと思います。

副詞とその役割

形容詞は名詞だけを修飾しますが，**副詞は名詞以外**（動詞，形容詞，副詞，文全体など）**を修飾**します。

①Surprisingly, that ②terribly（ひどく） lazy（怠惰な） student is studying ③hard ④today. What has happened to him?

和訳｜驚くべきことに，あのひどく怠惰な生徒が今日は懸命に勉強している。彼に何があったのだろう？

►① Surprisingly は**文修飾の副詞**です。文の内容に対して「驚くべきことだ」という話者の気持ちを表しています。

►② terribly は**直後の形容詞 lazy を修飾**しています。lazy を強調しています。

terribly lazy　**ひどく**怠惰な

►③ hard は**動詞の is studying を修飾**しています。動詞の様子を説明しています。

is studying hard　**懸命に**勉強している

►④ today も③の hard と同様に**動詞の is studying を修飾**しています。時の情報を加えています。このように，複数の副詞が同時に動詞などを修飾することもあります。

is studying ... today　**今日は**（懸命に）勉強している

副詞は原則として上記のように動詞，形容詞，副詞，文のいずれかを修飾し，**S/V/O/C という文の主要素のいずれにもならない**というのも，「文型」(⇒第2章) を考えるうえで重要なポイントになります。

文中での役割	その役割を果たすことのできる品詞
主語 (S)	名詞
(述語) 動詞 (V)	動詞
目的語 (O)	名詞
補語 (C)	形容詞，名詞

※副詞は S/V/O/C いずれにもならず，動詞，形容詞，副詞，文のいずれかを修飾する。

演習問題

空所に入れるのに最も適切なものを１つずつ選びなさい。また，選んだ選択肢の品詞を答えなさい。

1 He is a (　　) boy.
(a) kind　(b) kindness　(c) kindly

2 He looks (　　).
(a) kind　(b) kindness　(c) kindly

3 He looked (　　) at me.
(a) kind　(b) kindness　(c) kindly

4 Thank you. I won't forget your (　　).
(a) kind　(b) kindness　(c) kindly

5 I don't (　　) about the instructions.
(a) care　(b) careful　(c) carefully

〈注〉instruction 名 指示

6 You have to take (　　) with the instructions.
(a) care　(b) careful　(c) carefully

7 Read the (　　) instructions.
(a) care　(b) careful　(c) carefully

8 Read the instructions (　　).
(a) care　(b) careful　(c) carefully

9 You should be (　　) about the instructions.

(a) care　(b) careful　(c) carefully

10 Bad impressions can be created (　　).

(a) amazing easy　(b) amazing easily

(c) amazingly easy　(d) amazingly easily

〈注〉impression [名] 印象

解　答

1 He is a **kind** boy.（形容詞 : 名詞 boy を修飾）

和訳｜彼は**優しい**男の子だ。

►boy「男の子」が名詞なので，それを修飾する形容詞を選びます。(b) kindness は名詞「優しさ」，(c) kindly は副詞「優しく」です。

2 He looks **kind**.（形容詞 : 補語）

和訳｜彼は**優しそう**に見える。

►look は〈look＋C（形容詞）〉の形で「C に見える」という意味になるので，形容詞の kind を入れます。(c) の副詞 kindly を入れてしまうと「彼は優しく見る」となり，「どこを見るのか」という情報がないため，不自然であると言えます。

3 He looked **kindly** at me.（副詞 : 動詞 looked を修飾）

和訳｜彼は**優しく**私のことを見た。

►**2**と同じように形容詞 kind を入れようとすると，at me の役割がわからなくなります。ここでは look at ...「…を見る」という形で使われている動詞 looked を修飾する副詞 kindly を選択します。

4 Thank you. I won't forget your **kindness**.（名詞 : 他動詞 forget の目的語）

和訳｜ありがとう。あなたの**優しさ**は忘れません。

►他動詞 forget の目的語の位置なので，名詞 kindness を入れます。直前に所有格 your がある（＝その後には名詞がくる）こともヒントになります。kind は形容詞なので目的語にはなれません。

5 I don't **care** about the instructions.（動詞）

和訳｜私はその指示は**気にし**ない。

►空所以外の部分に文の動詞がありませんから，動詞の care を入れます。

❻ You have to take **care** with the instructions.（名詞：他動詞 take の目的語）

和訳｜あなたはその指示に**注意**すべきだ。

►他動詞 take の目的語の位置なので，名詞 care を入れます。❺動詞 care と❻名詞 care のように，同じつづりでも品詞が違うことがあるので注意が必要です。一つ一つ押さえていってください。

❼ Read the **careful** instructions.（形容詞：名詞 instructions を修飾）

和訳｜その**入念な**指示を読みなさい。

►名詞 instructions を修飾する形容詞 careful を選べば，the careful instructions「その入念な指示」というカタマリになり，他動詞 read の目的語となって文意が通ります。

❽ Read the instructions **carefully.**（副詞：動詞 read を修飾）

和訳｜その指示を**丁寧に**読みなさい。

►動詞 read を修飾する副詞 carefully「注意深く，入念に」を入れれば文意が通ります。形容詞 careful は，名詞 instruction を修飾するなら the careful instruction という語順になるはずなのでおかしく，read OC という形もありませんから C（補語）になることもできません。よって形容詞 careful を入れることはできません。

❾ You should be **careful** about the instructions.（形容詞：補語）

和訳｜あなたはその指示に**注意深く**あるべきだ。

►be 動詞の後なので形容詞 careful「注意深い」を入れれば，SVC の構造になり，意味も通ります。名詞の care を入れると「あなたは注意になるべきだ」（？）となってしまい，意味が通りません。

⑩ Bad impressions can be created **amazingly easily**.（amazingly は副詞で，副詞 easily を修飾。easily は副詞で，動詞 can be created を修飾。）

和訳｜悪い印象は**驚くほど簡単に**作られうる。

►can be created に続く部分なので，前後に名詞もなく，C（補語）にもなれません。よって形容詞 easy は不適であり，can be created を修飾する副詞 easily を選択します。その副詞 easily を修飾する副詞 amazingly「驚くほど」を用いれば，「驚くほど簡単に（作られうる）」となり，意味も形も正しいものになります。

Q&A

Q　英語に「暗記」は必要ですか？

A　はい，もちろんです。単語をはじめ，本書で扱っている動詞の語法など，覚えるべきものはたくさんあります。そして，**覚えるべきものをしっかり覚えなければ，英語の成績の向上は望めません。**もちろん，**できる限り理屈を重視し，「丸暗記」を避けられるものは極力避けるべき**ですが，だからと言って全く何も覚えなくてよいわけではありません。英語の成績を上げたいのであれば，**覚えるべきものはしっかり覚える**という姿勢を身につけましょう。

〈前置詞＋名詞〉とその役割

at, for, on, in などの前置詞は「前に置く詞（ことば）」と書くとおり，必ず名詞の前に置きます。言い換えると，前置詞の後ろには必ず名詞があり，それらはセットで使われるということです。この〈前置詞＋名詞〉のセットのことを前置詞句と呼びますが，**前置詞句はセットで形容詞または副詞の働きをします。**

The cat **on the chair** is snoring loudly.

和訳｜**椅子の上の**ネコは大きないびきをかいている。

▶on the chair という前置詞句が直前の名詞 the cat を修飾する形容詞として働いています（ネコ←（椅子の上の））。なお，前置詞句が前から名詞を修飾することはありません。

The cat is sleeping **on the chair**.

和訳｜ネコは**椅子の上で**寝ている。

▶on the chair という前置詞句が is sleeping という動詞を修飾する副詞として働いています（眠っている←〈椅子の上で〉）。

なお，形容詞として C（補語）になる前置詞句も少数ながらあります※が，学習の初期段階では，前置詞句は「名詞を後ろから修飾する形容詞」または「副詞」の働きをする，すなわち，**前置詞句は文の要素である S/V/O/C にならない修飾要素だ**と考えておいてください。

前置詞句は位置によって「形容詞の働き」か「副詞の働き」かをある程度判別できます。

※　例えば Critical thinking (S) is (V) of great importance (C).「批判的思考は非常に重要だ」（of great importance で greatly important の意味）などがあります。

(a) 前置詞句＋SV ... ⇒必ず副詞

In the car she listened to her favorite song.
S V

和訳｜車の中で彼女はお気に入りの歌を聞いた。

►In the car は動詞 listened を修飾する副詞の働きをしています。なお，主語(S)になれるのは名詞ですが，この前置詞句内の名詞(この文では the car)は絶対に主語にはなりません。

(b) S＋前置詞句＋V ... ⇒必ず形容詞(Sを後置修飾)

The air conditioner in the car was not working well.
S V

和訳｜車の中のエアコンは調子が悪かった。

►in the car は S である名詞 The air conditioner を修飾する形容詞の働きをしています。

(c) SV＋前置詞句　※Vの後に名詞がない ⇒必ず副詞(Vを修飾)

I slept in the car that night.
S V

和訳｜私はその晩，車の中で寝た。

►in the car は V である slept を修飾する副詞の働きをしています。that night は副詞です。

(d) SV ... ＋前置詞句　※Vの後に名詞がある ⇒文脈判断

She adjusted her hair in the car.
S V O

和訳｜彼女は車の中で髪を整えた。

▶in the car は V である adjusted を修飾する副詞の働きをしています。直前の her hair を修飾する形容詞の働きをしていると考えると「車の中の髪」(?)となり，意味が通りません。

We have our swimsuits in the bag in the car.
S V O

和訳｜車の中にあるバッグに水着が入っている。

▶in the car は直前の名詞 the bag を修飾する形容詞の働きをしています。V である have を修飾する副詞の働きをしていると考えると「車の中でバッグの中の水着を持っている」(?)となり，奇妙な意味になります※。

※ 形容詞と副詞のどちらの働きをしているか曖昧な場合もあり，その場合，前後の文脈から見分ける必要があります。たとえば He grabbed the bag in the car. は，「彼は車の中でバッグを掴んだ」(← in the car は副詞の働きで動詞 grabbed を修飾）とも，「彼は車の中のバッグを掴んだ」(← in the car は形容詞の働きで直前の名詞 the bag を修飾）とも解釈できます。

演習問題

次の文中に含まれる前置詞句を特定し，①「形容詞」②「副詞」のどちらの働きをしているか答えなさい。

1 We will be landing at Narita Airport soon.

〈注〉land 動 着陸する

2 Don’t tell me you ate the cake in the box.

〈注〉Don’t tell me ...? まさか…なんて言うんじゃないだろうね？

3 Put your hands on your head!

4 He was sitting in the corner of the room.

5 Wash your hands with soap and water before lunch.

6 On the way to my office I dropped in at a coffee shop.

7 Where are you? I’ve been waiting for you right in front of the Hachiko Statue for over thirty minutes.

解　答　　03

※以下では前置詞句が形容詞の場合は(　)，副詞の場合は〈 〉で示します。

1 We will be landing 〈**at Narita Airport**〉 soon.

和訳｜私たちはまもなく**成田空港に**着陸いたします。

▶at Narita Airport は動詞 will be landing を修飾する②副詞の働きをしています。

2 Don't tell me you ate the cake (**in the box**).

和訳｜まさか**箱の中の**ケーキを食べたなんて言うんじゃないでしょうね？

▶in the box は直前の名詞 the cake を修飾する①形容詞の働きをしています。動詞 ate にかかる副詞として解釈してしまうと「箱の中で（ケーキを）食べる」という意味になってしまいます（まあ，ありえなくはないかもしれませんが……）。

3 Put your hands 〈**on your head**〉!

和訳｜両手を**頭の上に**置け！

▶on your head は動詞 put を修飾する②副詞の働きをしています。直前の名詞 your hands にかかる形容詞の働きをしていると解釈してしまうと「頭の上の両手を置く」となってしまい，put「置く」が「どこに置く」のかわからなくなってしまいます（put は原則として「どこに」置くかという情報が必要です）。

4 He was sitting 〈**in the corner** (**of the room**)〉.

和訳｜彼は**部屋の隅に**座っていた。

▶まず of the room は直前の名詞 the corner を修飾する①形容詞の働きをしています。前置詞 of を用いた前置詞句は，ほとんどが直前の名詞にかかる形容詞の働きをします。そして of the room を含めた in the corner (of the room) は動詞 was sitting を修飾する②副詞として働いています。

5 Wash your hands 〈**with soap and water**〉〈**before lunch**〉.

和訳｜**お昼ご飯の前に石鹸とお水で**手を洗いなさい。

▶ with soap and water は動詞 wash を修飾する②副詞として働いています。直前の your hands を修飾すると考えると「石鹸とお水を持った手（を洗いなさい）」のようになり，不自然です。with soap and water を〈道具・手段〉を表す副詞として解釈したほうが自然です。before lunch も同じく動詞 wash を修飾する②副詞として働いています。直前の名詞 soap and water を修飾すると考えると「お昼ご飯の前の石鹸とお水」になり，意味が通りません。

6 〈**On the way** （**to my office**）〉 I dropped in 〈**at a coffee shop**〉.

和訳｜私は**会社に行く途中にコーヒーショップに**立ち寄った。

▶ on the way ... は②副詞の働きをし，動詞 dropped in を修飾します。the way に対する説明（どこへ行く道なのか）が欲しいので，to my office は直前の名詞 the way を修飾する①形容詞の働きをしていると考えることができます（on the way to ... で「…へ行く途中」という意味の表現）。at a coffee shop は動詞 dropped in を修飾する②副詞の働きをしています。なお，dropped in の in は前置詞ではなく副詞であることに注意してください（前置詞なら直後に名詞が必要であるはずです）。drop in （at ＋場所） で「（場所に）立ち寄る」の意味になります。このままの形で動詞の語法として覚えましょう。

7 Where are you? I've been waiting 〈**for you**〉 right 〈**in front of the Hachiko Statue**〉 〈**for thirty minutes**〉.

和訳｜あなたどこにいるの？　**もう 30 分もハチ公像の目の前であなたを**待っているんだけど。

▶ for you は動詞 have been waiting を修飾する②副詞の働きをしています※。in front of ... 「…の前に」はセットで一つの前置詞として扱います。in front of the Hachiko Statue 「ハチ公像の前で」は動詞 have been waiting を修飾する②副詞として働いています。なお，right は副詞で「まさに，ちょうど」の意で，場所や時を表す副詞などを強調する表現です。今回は in front of ... を強調しています。for thirty minutes も動詞 have been waiting を修飾する②副詞の働きをしています。

※　ここでは細かく分析していますが，wait for ... で「…を待つ」という動詞表現だと考えたほうが実践的です。これは第２章で再び扱います。

品詞まとめ

基本４品詞の文中での役割は次のようになります。

品詞	具体例	文中での役割
名詞	book, kindness など	①S ②他動詞のO ③前置詞のO ④C　　のいずれかになる
動詞	run, have など	V（述語動詞）になる
形容詞	kind, beautiful など	①前後から名詞を修飾する ②Cになる
副詞	terribly, surprisingly など	名詞以外を修飾する （SVOC にならない）
前置詞＋名詞	in the car など	①形容詞の働きをする ②副詞の働きをする

第2章

文型

1 文型とは

2 第１文型（SV）

3 第３文型（SVO）

4 第４文型（SVO_1O_2）

5 第２文型（SVC）

6 第５文型（SVOC）

7 文型の総合演習

文型とは

英語の文は，述語動詞の種類や用法によって，後ろに目的語(O)や補語(C)をいくつ置くか(あるいは置かないか)が変わってきます。これをいくつかのパターンに分類したものを**文型**と呼び，学校文法では５つに分類するのが一般的です。本書でも５つに分類する考え方を採用することにします。５つの文型とは，それぞれ以下のようになります。

文型		
第１文型	SV	Ｖの後にＯやＣがない
第２文型	SVC	Ｖの後にＣが１つ
第３文型	SVO	Ｖの後にＯが１つ
第４文型	SVO_1O_2	Ｖの後にＯが２つ
第５文型	SVOC	Ｖの後にＯとＣが１つずつ

第１章で述べたように，文型によって文の意味は大きく変わりますから，英文を読む際には必ず意識する必要があります。第２章では上記の５つの文型に沿って，それぞれどのような意味で，どのような使われ方をするのかを見ていきましょう。最初は大変かもしれませんが，すぐに慣れますから，例文と照らし合わせながらじっくり読んでいってください。

2 第１文型 (SV)

第１文型は She (S) smiled (V).「彼女は笑った」のように，**主語(S)＋述語動詞(V)**だけで構成され(＝後ろにOやCがなく)，**「SはVする」**という意味を持つものです。

第１文型は**副詞や前置詞句といった修飾語句を伴うことが多くあります**※。前章でも触れたように，これらはあくまで修飾語句(＝お飾り)なので，骨格部分である文型の決定には関与しません。よって，次の長い文は第１文型になります。

She smiled happily with tears when Tom proposed to her.

和訳｜トムが彼女にプロポーズすると，彼女は涙を流して嬉しそうに微笑んだ。

She smiled〈happily〉〈with tears〉〈when Tom proposed to her〉.

和訳｜〈トムが彼女にプロポーズすると，〉彼女は〈涙を流して〉〈嬉しそうに〉微笑んだ。

She (S) smiled (V) でS＋Vが出てきた後，happilyは副詞，with tearsは〈前置詞＋名詞〉(＝ここでは副詞の働き)，when Tom proposed to herは副詞節(⇒第３章で扱います)であり，全て副詞の働きをして述語動詞smiledを修飾しています。よって文の骨格はShe (S) smiled (V)，あとは修飾要素となり，この文は第１文型(SV)だと考えることができます。文型を考えることは，文の骨格をつかみ，文の主要素と修飾要素を分けることでもあるのです。

第１文型(SV)の動詞は，直後に〈前置詞＋名詞〉を伴って「セット」のように使うことが多くあります。

※　修飾語句はM (← modifier) と表記することがあります。

I waited 〈for her〉〈for two hours〉.
S　　V

和訳｜私は2時間彼女を待った。

細かく分析すれば，I (S) waited (V)＋修飾語句という形になりますが，wait for ... (･･･を待つ) というセットで捉えたほうが意味を考えやすくなります。このように，**よくある〈動詞＋前置詞〉のセットはそのまま覚えたほうがよい**でしょう。例えば次のようなものがあります。

〈動詞＋前置詞〉のセット	訳
object to the plan	その計画に反対する
participate in the program	そのプログラムに参加する
complain about [of] the food	その食べ物について文句を言う
apologize to him for being late	彼に遅れたことを謝る
wait for her	彼女を待つ

もう一つ，第1文型 (SV) で押さえておいて欲しいのは，**存在を表す be 動詞**です。be 動詞は He (S) is (V) a student (C). のような第2文型 (SVC) で使うイメージが強いですが，第1文型で用いられると「(S が) ある，いる，存在する」の意味になります。〈名詞＋be＋場所を表す副詞〉という形で用いられることが多くあります。

The cat **is** 〈in the box〉.
S　V

和訳｜そのネコは箱の中に**いる**。

この用法の時にはSに〈特定の名詞〉がきますが，〈不特定の名詞〉の存在を表す場合には〈There is＋名詞＋場所を表す副詞〉という形を用います。

There is a cat 〈in the box〉.
M V S

和訳｜一匹のネコが箱の中にいる。

►a cat は（the cat と違い）不特定。

There is ... の形においては，S は be 動詞の後の名詞と見なされるため，単複の一致（is にするか are にするか）は be 動詞の後の名詞で決まります。

There are some cats 〈in the box〉.
M V S

和訳｜何匹かのネコが箱の中にいる。

►some cats が複数なので，be 動詞は are になる。

第１文型（SV）まとめ

- 「S は V する」という意味で，O や C を必要としない。
- SV の後に副詞や〈前置詞＋名詞〉を置くことが多い。
- 存在を表す be 動詞「（S が）ある，いる，存在する」に注意。

第３文型（SVO）

第２文型（SVC）は後回しにして，先に第３文型（SVO）（と第４文型（SVO_1O_2））を解説します。大多数の動詞は第１文型（SV）か第３文型（SVO）の用法で用いるので，まずはこの２つをしっかり押さえるため，および，補語（C）を含む文型（すなわち第２文型（SVC）と第５文型（SVOC））をまとめて扱うほうがわかりやすいためです。

第３文型（SVO）**は，動詞の後に目的語**（O）**を１つ置く文型**です。

I got a nice hat 〈at the store〉.

目的語（O）に用いることができるのは名詞だけなので，第３文型（SVO）は動詞の後に「前置詞のついていない名詞」を１つ置く文型だと言うことができます。ここでは a nice hat が他動詞 get（の過去形 got）の目的語になっています。**O は典型的には「…を」と訳し，V で表される動作などの対象を表します**。このように，**後に目的語をとる動詞のことを他動詞と呼びます**。一方で，第１文型（SV）や第２文型（SVC）のように，**動詞（V）の後に目的語（O）を置かないものを自動詞と呼びます**。

この部分は副詞の働きをしており，
主要素（S/V/O/C）に含まない

→got［get］は他動詞　↑

I got a nice hat 〈at the store〉.
S　V　　O

和訳｜私はその店で素敵な帽子を手に入れた（＝買った）。

第１文型（SV）と第３文型（SVO）の区別は重要です。

(a) I got to the station at five.　第１文型（SV）
　　S V

和訳｜私は５時に駅に到着した。

(b) I got a nice hat at the store.　第３文型（SVO）
　　S V O

和訳｜私はその店で素敵な帽子を手に入れた。

どちらの文もI（S）got（V）まで同じですが，(a)の文はその後に〈to the station〉〈at five〉という前置詞句が続いており，第１文型（SV）です。一方で，(b)はその後にa nice hatという名詞が続いていて目的語（O）を形成しており，第３文型（SVO）になっています。このように，**後ろに目的語（O）となる名詞があるかどうかでSVかSVOかを判別できます**。また，(a)のgetは移動を表す自動詞（get to ... で「…に到着する」という意味），(b)のgetは「…を手に入れる」という意味で他動詞になっています。**同じ動詞でも文型によって意味が違ってくる**ことを実感してください。

次の形はどうでしょうか。

We discussed in detail how to respond to the COVID-19 global pandemic.

discuss「…を議論する」は他動詞ですから，後に目的語（O）となる名詞がくるはずです。しかし直後にあるのはinという前置詞であり，前置詞がついた名詞detailは目的語にはなれません。ここでは**前置詞句であるin detail「詳細に」をカッコにくくる**と，how to respond ... という名詞のカタマリ（名詞句 ⇒第３章で詳しく扱います）が出てきます。これがdiscussの目的語（O）です。

We discussed 〈in detail〉 [how to respond to the COVID-19 pandemic].
S V O→

(対応する: respond / 世界的流行: pandemic)

和訳｜私たちはコロナウイルス感染症の世界的な流行にどのように対応すべきか詳細に話し合った。

このようにVとOが離れているパターンは誤読の元になりますから，しっかりと対処できるようにしておく必要があります。**前置詞句はカッコにくくる**（この場合はin detail），**名詞が連続している箇所で「つながらない」と感じる**（この場合はdetail how to ... が「つながらない」），なども重要ですが，もう一つは**discussが他動詞だという知識および認識をしっかりと持ち，他動詞discussの後には目的語（O）となる名詞がくるはずだと予測して**読み進めることが重要になります。文構造を正しく捉えるためには，自動詞・他動詞に対する知識と認識が不可欠なのです。

第3文型（SVO）まとめ

- Vの後に目的語（O）を1つ置く。
- 「SはOをVする」という意味になることが多い。
- 後ろに目的語（O）を置く動詞を他動詞，置かない動詞を自動詞と呼ぶ。

COLUMN **自動詞・他動詞は覚えなくちゃダメ？**

はい，ある程度は「覚える」必要があります。上のdiscuss in detail how to ... の例で書いたように，自動詞・他動詞の区別ができているから正確に読める，という側面が間違いなくあるからです。**動詞を覚える際には必ず自動**

詞・他動詞の区別を意識しましょう。

ただし，動詞の数は膨大ですし，そもそも１つの動詞でも自動詞・他動詞両方の使い方がある場合も数多くあります（むしろそちらのほうが多数派です）。どうすればよいでしょうか。

① よく出る形をフレーズで覚える

discuss「議論する」というふうに覚えてしまうと discuss が自動詞か他動詞かわかりませんし，「…を議論する」と覚えるのも何だか煩わしいですね。おすすめは **discuss the problem「その問題を議論する」のように，フレーズで覚えてしまう**ことです。そうすると，別の文脈で discuss が出てきた時にこのフレーズを頭に浮かべて「the problem を目的語にしているから，discuss は他動詞だ」と思い出すことができます。また，フレーズ単位で押さえておけば，英作文やスピーキングでもその表現をスッと使えるようになります。**「フレーズで覚える」というのは，英語学習の基本なのです。**

大きめの辞書だと discuss の自動詞用法が載っていることもありますが，最初は無視しましょう。一度に全てを覚えようとすると学習が先に進みません。ポイントは**「よく出る形」を優先的に覚える**ということです。この「よく出る形」とは，みなさんが教科書などの基本的な英文中で出会う形であり，授業で扱う形であり，単語帳の例文に採用されている形のことです。

② 日本語で対処する

buy「買う」と言ったら，「何を？」となります。put「置く」と言っても，「何を？」となるでしょう。決して全てではありませんが，このように**日本語で対処できる場合も多くあります**。日本語で対処できるものに関しては，特に気にする必要はありません。**自分の日本語の感覚から見て，「意外なもの」だけ押さえていけばよい**のです。また，たくさんの英語に触れてくると，傾向が掴めてきて，自然と「この動詞は他動詞っぽいな」などと感じられるようになるという側面があります。「全ての動詞に関して自動詞・他動詞を覚えなくちゃいけないのか……」と絶望する必要はありません。日本語を上手く活用しながら，前向きに学習を進めましょう。

③ 間違いやすいものを暗記する

②で述べた「日本語で対処する」で間違いやすいパターンがあります。例えば前置詞 to は「…に，…へ」という日本語に対応しやすいので，「パーティーに参加する」という時に ×attend to the party としてしまうのです（正しくは attend the party）。これは非常に間違いやすいですし，間違いやすいということは入試でもよく問われるということでもあります。**集中的に覚えてしまいましょう**。例えば以下のようなものがあります。それぞれ右側がよくある間違いなので，そちらを軽く確認した後，**左側の正しい形を何度も音読して「慣れる」**のがよいでしょう。

訳	正しい形	よくある間違った形
その問題について議論する	discuss the problem	discuss ~~about~~ the problem
その提案について考える	consider the proposal	consider ~~about~~ the proposal
その事故に言及する	mention the accident	mention ~~about~~ the accident
その会議に出席する	attend the meeting	attend ~~to~~ the meeting
彼女に近づく	approach her	approach ~~to~~ her
彼女の母に似ている	resemble her mother	resemble ~~to~~ her mother
彼の提案に反対する	oppose his suggestion	oppose ~~to~~ his suggestion
山頂に到達する	reach the summit	reach ~~to~~ the summit
彼と結婚する	marry him	marry ~~with~~ him
彼についていく	accompany him	accompany ~~with~~ him

演習問題 1

次の英文が第１文型（SV）か第３文型（SVO）かを指摘しなさい。

1 (a) She left Spain yesterday.
(b) She left for Spain yesterday.

2 (a) She attended the meeting last week.
(b) She attended to her child all night.

3 (a) He runs in the park after school.
(b) He runs a restaurant in the town.

4 (a) He has changed his hairstyle recently.
(b) He has changed greatly since his promotion.

〈注〉promotion 名 昇進

演習問題 2

次の英文を訳しなさい。

『桃太郎』｜おばあさんがおじいさんに拾ってきた桃を見せる場面

The old woman ran into the little room and brought out from the cupboard the big peach.

〈注〉cupboard 名 戸棚

演習問題1　解　答　04

1

(a) She left Spain 〈yesterday〉.　第３文型
　　S　V　O

和訳｜彼女は昨日スペインを出発した。

(b) She left 〈for Spain〉〈yesterday〉.　第１文型
　　S　V

和訳｜彼女は昨日スペインに向けて出発した。

► (a) は動詞 leave の後に名詞 Spain がありますから，leave が他動詞で使われており，「…を出発する」という意味になります。(b) は left の後に for Spain という前置詞句と yesterday という副詞がきているので，SV だけで完結する第１文型で，leave は自動詞になります。自動詞 leave は leave for ... という形で「…へ向けて出発する」という意味になります (leave for ... という形のまま覚えるのが実践的です)。

2

(a) She attended the meeting 〈last week〉.　第３文型
　　S　V　O

和訳｜彼女は先週その会議に出席した。

(b) She attended 〈to her child〉〈all night〉.　第１文型
　　S　V

和訳｜彼女は一晩中子どもの世話をした。

► (a) は動詞 attend の後に名詞 the meeting がありますから第３文型で，他動詞 attend は「…に出席する」という意味になります。(b) は attend の後に目的語となる名詞がありませんから自動詞です。attend to ... で「…の世話をする；

…に注意を払う」という意味になります（こちらも，この形のまま覚えましょう）。

3

(a) He runs 〈in the park〉〈after school〉. 第１文型
S V

和訳｜彼は放課後に公園で走っている。

(b) He runs a restaurant 〈in the town〉. 第３文型
S V O

和訳｜彼はその街でレストランを経営している。

► (a) は動詞 run の後に run を修飾する副詞となる前置詞句が２つ続いて文が終わっていますから，第１文型です。run は自動詞で「走る」の意味になります。一方，(b) は run の後に a restaurant という名詞が置かれて第３文型になっています。run は他動詞だと「…を経営する」という意味になることも覚えておきましょう。

4

(a) He has changed his hairstyle 〈recently〉. 第３文型
S V O

和訳｜彼は最近，髪型を変えた。

(b) He has changed 〈greatly〉〈since his promotion〉. 第１文型
S V

和訳｜彼は昇進して以来，大きく変わった。

► change は他動詞だと「…を変える」，自動詞だと「(S が) 変わる」の意味になります。(a) は動詞の後ろに目的語 (O) となる名詞 his hairstyle がありますから他動詞（第３文型）です。(b) は副詞 greatly と前置詞句 since his promotion がきており，目的語 (O) となる名詞がありませんから自動詞（第１文型）です。

演習問題２　解　答

05

The old woman ran 〈into the little room〉
S V

bring out ... [bring ... out] ・・・を取り出す

and brought out 〈from the cupboard〉 the big peach.
V O

和訳｜おばあさんは小部屋の中へ走っていき，戸棚から大きな桃を取り出しました。

▶run (→過去形 ran) は自動詞で使われていますから，「走る」の意味です。

▶**bring out (→過去形 brought out) が他動詞表現ですが，直後に from the cupboard という前置詞句があります。これをカッコにくくると，the big peach が bring out の目的語（O）になっているとわかります。**V と O が分離しているパターンです。前置詞 from の後に the cupboard と the big peach という名詞が２つ連続するはずがない（＝何らかの形でその間に「区切れ目」があるはず）というのもヒントになります。

Q&A

Q　単語はどこまで覚えればよいですか？

A　今のレベルや志望校（最終到達レベル）によって全く異なるので，一概には言えません。一つの目安として，**志望校の過去問**を見て，文章理解や設問への解答に必要で，かつ知らない単語を単語帳でチェックしていくという方法があります。そうすると，手持ちの単語帳でどこまで覚えるべきかが明確になります。

第4文型 (SVO_1O_2)

第4文型 (SVO_1O_2) は「彼に本をあげる」「友達に英語を教える」のように, **「O_1 (主に「人」) に O_2 (主に「物」) を V する」**という意味になります[※1]。O_1 は**「誰に対してその行為を行うか」**を表します。第3文型 (SVO) と比較すると, 以下のようになります。

He bought		a big house.	彼は大きな家を買った。
S V		O	
He bought	**his daughter**	a big house.	彼は**娘に**大きな家を買った。[※2]
S V	O_1	O_2	

もちろん, 第3文型で用いる全ての動詞を第4文型 (SVO_1O_2) で用いることができるわけではありません。第4文型 (SVO_1O_2) をとれる動詞は一部に限られ, 主なものは次の通りです。既に述べたように大多数の動詞は第1文型 (SV) あるいは第3文型 (SVO) で用いられるので, 少数派である第2文型 (SVC), 第4文型 (SVO_1O_2), 第5文型 (SVOC) で用いられる動詞に関しては, ある程度覚えてしまったほうがスムーズに読解することができます。

SVOO に用いられる代表的な動詞

give	Tom	a chance	トムにチャンス**を与える**
lend	Tom	a pen	トムにペン**を貸す**
send	Tom	the picture	トムにその写真**を送る**
find	Tom	a job	トムに仕事**を見つける**
buy	Tom	a drink	トムに一杯**おごる**

※1 O_1 を間接目的語, O_2 を直接目的語と言います (本書ではこの名称は用いませんが, 他の参考書や模試の解説などで目にするかもしれません)。

※2 同じ意味を He bought a big house for his daughter. という第3文型 (SVO) でも表せます。

make	Tom	some coffee	トムにコーヒー**を作る**
tell	Tom	a joke	トムにジョーク**を言う**
show	Tom	the map	トムにその地図**を見せる**
teach	Tom	Japanese	トムに日本語**を教える**

第１・３文型と合わせてまとめると…

(a) I got to the station at five.　第１文型 (SV)
S V

和訳｜私は５時に駅に到着した。

(b) I got a nice hat at the store.　第３文型 (SVO)
S V O

和訳｜私はその店で素敵な帽子を手に入れた。

(c) **I got Tom a nice hat at the store.**　第４文型 (SVO_1O_2)
S V O_1 O_2

和訳｜私はその店でトムに素敵な帽子を手に入れた（＝買ってあげた)。

I (S) got (V) までは (a) ～ (c) 全て共通ですが，その後の形が違います。(c) ではまず Tom という名詞が置かれ，その後にさらに名詞 a nice hat が置かれています。このように**名詞２つを目的語にとり，SVO_1O_2という第４文型**になっています。get a nice hat「素敵な帽子を手に入れる」という第３文型に対し，「その行為を行う相手」である O_1 (Tom) が置かれています。この順番にも注意してください (×got a nice hat Tom とはできません)。その後の at the store は動詞 got を修飾する前置詞句ですから，文型の要素には含めません。(a) ～ (c) で**同じ get という動詞が使われていても，文型によって意味が異なる**ことに注意してください。

第４文型（SVO_1O_2）まとめ

- Ｖの後に目的語（O）を２つ置く。
- 「ＳはO_1（主に「人」）にO_2（主に「物」）をＶする」という意味。
- SVO_1O_2をとる動詞はある程度覚えたほうがよい。

Q&A

Q　単語が弱いので強化したいのですが，何からやればいいのかわかりません。

A　一つ必ず覚えていてほしいことは，一般に**「易しい単語」ほどしっかりと確認するべき**だということです。高校レベルの単語よりも中学レベルの単語の方が本文中によく登場します。**中学レベルの単語がおぼつかないのに，高校上級レベルの単語を学ぼうとするのは誤り**です。優先順位を考えましょう。例えばあなたが高校３年生で，単語を鍛え直そうと考えたとき，中学レベルの単語を見直すことは恥ずかしいことでも何でもなく，全く理にかなったことであると言えます。易しい単語から優先的に見直し，そこから段々とレベルを上げていきましょう。

演習問題

下線部の動詞はそれぞれ第何文型をとっているか答えなさい。

『アラジン』｜冒頭部の一節。アラジンの元にやってきた怪しい男。

The next day the stranger ① came again, ② brought Aladdin a beautiful suit of clothes, ③ gave him many good things to eat and ④ took him for a long walk, telling him stories all the while to amuse him.

〈注〉the next day 副 次の日｜a suit of clothes 名 上下一そろいの服｜all the while 副 その間中ずっと

解　答

🔊06

〈The next day〉 the stranger ①came 〈again〉,　第１文型（SV）
S V

②brought Aladdin a beautiful suit of clothes,　第４文型（SVO_1O_2）
V O_1 O_2

③gave him many good things (to eat)　第４文型（SVO_1O_2）
V O_1 O_2

and ④took him 〈for a long walk〉,　第３文型（SVO）
V O

amuse ... を楽しませる

〈telling him stories 〈all the while〉 〈to amuse him〉〉.
(V) (O_1) (O_2) (V) (O)

副詞用法のto不定詞（目的）

telling ... amuse him は分詞構文（⇒第３章４節(b)）

その中で tell は SVO_1O_2（第４文型）

►① came は直後に副詞 again しかありませんから，**第１文型（SV）**です。

►② brought は Aladdin, a beautiful suit of clothes という２つの名詞があり，「アラジンに上下一そろいのりっぱな服を持ってきた」という「O_1にO_2をＶする」という関係になっていますから，**第４文型（SVO_1O_2）**です。

►③ gave は代名詞 him，名詞 many good things to eat という２つの名詞があり（代名詞も名詞と同じ扱いです），同様に「彼に（対して）たくさんの美味しい食べ物を与えた」という関係になっていますから，**第４文型（SVO_1O_2）**です。

►④ took は代名詞 him があった後，for a long walk という動詞にかかる副詞の働きをする前置詞句が続いていますから，took (V) him (O) までが主要素であり，**第３文型（SVO）**です。

和訳｜次の日，その見知らぬ男が再びやって来て，アラジンに上下一そろいのりっぱな服を持ってきて，彼にたくさんの美味しい食べ物を与え，彼を長い散歩に連れていき，その間中ずっと，彼のことを楽しませるためにお話をしました。

5 第２文型（SVC）

補語（C）とは，SV や SVO だけでは意味が不完全な時に補われる語のことです。第２文型（SVC）においては，述語動詞（V）に S と C をつなぐ動詞（be 動詞およびその類語）が置かれ，**補語（C）は主語（S）の性質や状態を説明する**役割を持ちます。一般に，**SVC** という文型には **S ＝ C** という関係性があります。

S	V	C	
S	=	C	
He	is	**kind.**	彼は優しい。（He = kind）
He	is	**a teacher.**	彼は教師だ。（He = a teacher）

補語（C）になれるのは形容詞か名詞です（⇒第１章）。第３文型（SVO）と第２文型（SVC）は，動詞の後に１つ要素があるという点で共通していますが，既に見たように，**SVC の C は「主語（S）の性質や状態の説明」，SVO の O は「V で表される動作などの対象」を表す**ので，その役割は全く異なります。ただ，慣れないうちは難しいと思いますから，まずは以下のように形の面で判別できるようになりましょう。

目的語（O）になれるのは名詞のみですから，**述語動詞（V）の後に形容詞がきたら第２文型（SVC）**で確定します。

He got nervous.　彼は不安になった。

►nervous は形容詞なので SVC で確定（get C は「C になる」という意味）。

述語動詞（V）の後に名詞がきたら意味判断（SVC の場合は S＝C）になります。ただし，**SVC で用いられることの多い動詞は限られていますから，ある程度覚えてしまったほうが実践的**です。

SVC をとれる主な動詞には次のようなものがあります。②〜④は，S＝C の関係性に対して，それぞれ述語動詞 V の意味合いを加えています。

① be動詞

He is angry.　彼は怒っている。

► He = angry

②「・・・のままだ」(remain, keep, stay)

He remained angry.　彼は怒ったままでいた。

► "He = angry" ＋remained「のままだった」

③「・・・になる」(become, get, grow, turn)

He became angry.　彼は怒った。

► "He = angry" ＋became「になった」

④ 感覚を表す動詞 (look, sound, feel)

He looked angry.　彼は怒っているように見えた。

► "He = angry" ＋looked「に見えた」

第１・３・４文型と合わせてまとめると…

(a) I got to the station at five.　第１文型 (SV)
S V

和訳｜私は５時に駅に到着した。

(b) I got a nice hat at the store.　第３文型 (SVO)
S V O

和訳｜私はその店で素敵な帽子を手に入れた。

(c) I got Tom a nice hat at the store.　第４文型 (SVO_1O_2)
S V O_1 O_2

和訳｜私はその店でトムに素敵な帽子を手に入れた（＝買ってあげた）。

(d) **I got angry with my children.**　第２文型 (SVC)
S V C

和訳｜私は子どもたちに怒った。

(a)〜(c) は述語動詞 (V) の後に名詞がありますが，(d) は形容詞しかありません。かつ，with my children は述語動詞 (V) を修飾する副詞の働きをする前置詞句なので要素にはなりませんから，**V の後に要素は１つ (形容詞のみ)** となります。よって，(d) は第２文型です。

なお，I became a teacher.「私は教師になった」のように，SVC で C に名詞がくる場合，become が SVC をとる動詞であること，および I = a teacher の関係性があることから，第２文型 (SVC) と判別することになります。

第２文型 (SVC) まとめ

- V の後に補語 (C) を置く。
- 「S ＝ C (＋述語動詞 V のニュアンス)」という意味。
- 補語 (C) に用いるのは形容詞または名詞。

6 第５文型（SVOC）

第５文型は述語動詞（V）の後に目的語（O）と補語（C）を置いたものです。

The movie made her sad.
S V O C

直訳｜その映画は彼女を悲しくさせた。
意訳｜その映画を見て，彼女は悲しくなった。

第５文型（SVOC）においては，**O と C の間に文が内在している**と考えることができます。必要に応じて be 動詞を補うと，その関係性が見えてきます。上記の例であれば，her（O）sad（C）の間に She was sad. という文が隠れています。

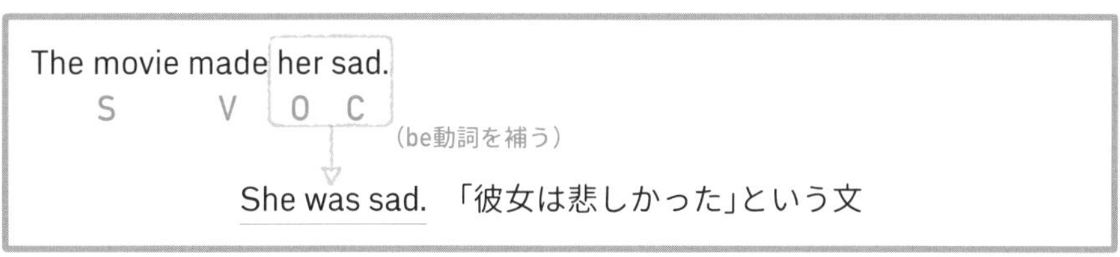

「O be C」の状態に「する」というのが make OC の意味です。

第５文型（SVOC）をとれる主な動詞には次のようなものがあります。代表的な動詞は覚えてしまったほうがよいでしょう。

(a) make 型（make する / keep 保つ / leave 放置する / call 呼ぶ など）

C には形容詞や名詞を置きます。

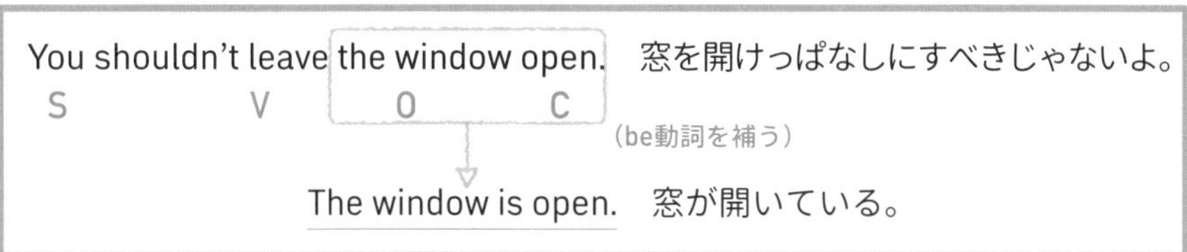

(b) think 型（think 考える / consider 考える / believe 信じる など）

C には形容詞や名詞を置きます。O と C の間に to be が入ることがあります。

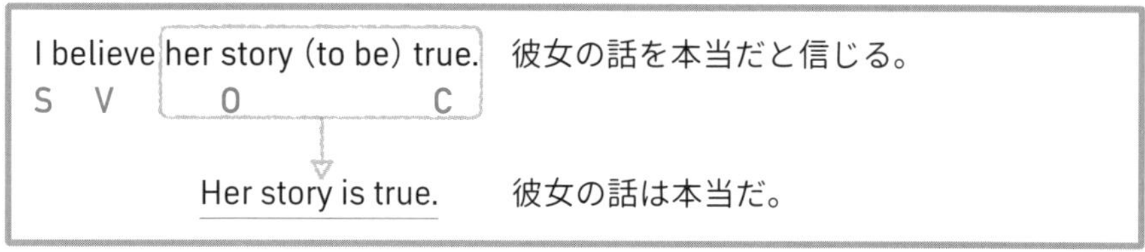

(c) 使役（make / let / have）

C には動詞の原形※を置き，「O に C させる」という意味になります。

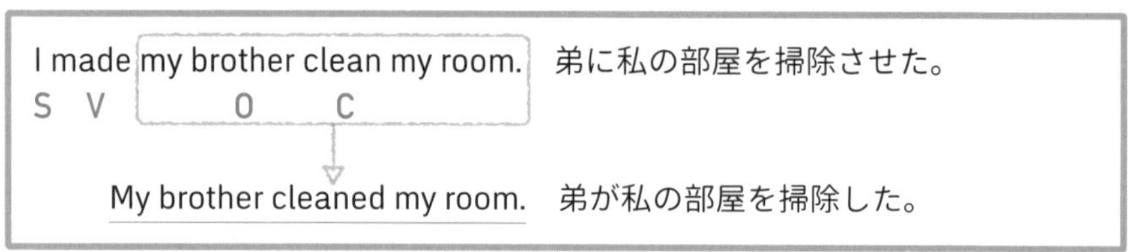

(d) 知覚（see / hear / feel など）

C には動詞の原形・現在分詞・過去分詞を置きます。OC で表される行為を「見る」「聞く」「感じる」という意味になります。

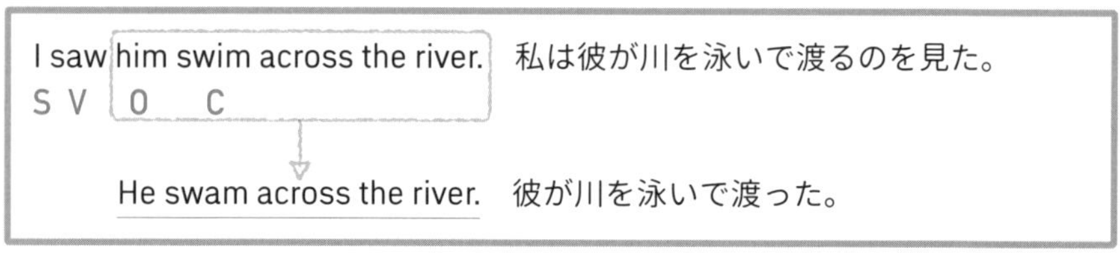

I saw him swimming across the river.　私は彼が川を泳いで渡っているところを見た。
S V O C
（be動詞を補う）
He was swimming across the river.　彼が川を泳いで渡っていた。

※　C には名詞と形容詞がくるはずなのに，どうして C に「動詞の原形」がきているんだ，と不思議に思う人がいるかもしれませんが，これは厳密には動詞の原形ではなく「原形不定詞」（to のつかない to 不定詞と考えてよいでしょう）という形です。C には名詞・形容詞に相当する語句として現在分詞・過去分詞・原形不定詞・to 不定詞を置くことができると考えられます。

I saw him surrounded by police officers.　私は彼が警察に囲まれているのを見た。
S V O C
（be動詞を補う）
He was surrounded by police officers.　彼が警察に囲まれていた。

(e) V＋O＋to *do*

C には to 不定詞を置きます。

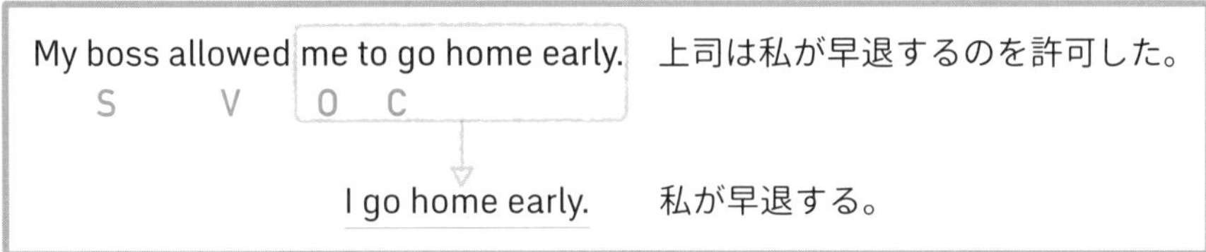

なお，この〈V＋O＋to *do*〉の型をとる動詞には，以下のようなものがあります。出現頻度が高く，意味も多岐に渡るので，覚えてしまったほうがよいでしょう。

V＋O＋to *do*	訳
tell O to *do*	O が…するよう言う，命令する
ask O to *do*	O が…するよう頼む
persuade O to *do*	O が…するよう説得する
encourage O to *do*	O が…するよう励ます
advise O to *do*	O が…するよう忠告する
warn O to *do*	O が…するよう警告する
want O to *do*	O に…してほしい
expect O to *do*	O が…するのを期待する
allow [permit] O to *do*	O が…することを許可する
enable O to *do*	O が…することを可能にする
cause O to *do*	O が…することを引き起こす
get O to *do*	O に頼んで…してもらう
compel [force] O to *do*	O にむりやり…させる
help O (to) *do*	O が…するのを手伝う

これまでの文型と合わせてまとめると…

(a) I got to the station at five.　第１文型 (SV)
S V

和訳｜私は５時に駅に到着した。

(b) I got a nice hat at the store.　第３文型 (SVO)
S V O

和訳｜私はその店で素敵な帽子を手に入れた。

(c) I got Tom a nice hat at the store.　第４文型 (SVO_1O_2)
S V O_1 O_2

和訳｜私はその店でトムに素敵な帽子を手に入れた（＝買ってあげた)。

(d) I got angry with my children.　第２文型 (SVC)
S V C

和訳｜私は子どもたちに怒った。

(e) **I got my clothes wet on my way home.**　第５文型 (SVOC)
S V O C

和訳｜私は家に帰る途中に服を濡らしてしまった。

(f) **I got my brother to carry my suitcase.**　第５文型 (SVOC)
S V O C

和訳｜私は兄に（頼んで）スーツケースを運んでもらった。

(e) は got の後に my clothes という名詞，そして wet という形容詞が置かれており，ここには my clothes were wet「私の服が濡れた」という文が内在していると考えることができます。get OC (形容詞) で「O を C にする」という意味です。

(f) は SV の後に my brother という名詞が１つありますが，got my brother「私の兄を手に入れた」(?) では意味が通りません。直後に to carry ... という to 不定詞があることから，get＋O＋to *do*「O に (頼んで)…してもらう」の形だと考えると，O と to *do* の間に my brother carried my suitcase の関係性が見えてきます。

第５文型 (SVOC) まとめ

- V の後に目的語 (O) と補語 (C) を置く。
- O と C の間に文が内在していると考えることができる。
- 使役動詞，知覚動詞，〈V＋O＋to *do*〉などに注意。

文型まとめ

文型	基本的な意味合い	例
第1文型 SV	SがVする	She smiled. 彼女は微笑んだ。
第2文型 SVC	S=C（+動詞のニュアンス）	Her smile was bright. 彼女の微笑みは晴れやかだった。
第3文型 SVO	SはOをVする	She wore a bright smile. 彼女は晴れやかな笑顔を浮かべた。
第4文型 SVO_1O_2	SはO_1にO_2をVする	She gave me a bright smile. 彼女は私に対して晴れやかな笑顔を見せた。
第5文型 SVOC	OがCである状態にする，OがCであることを認識［知覚］する	She always makes me smile. 彼女はいつも私を笑顔にしてくれる。

7 文型の総合演習

次の文が第何文型かを指摘し，文全体を日本語に訳しなさい。

1 (a) He suddenly turned toward the door.
(b) He slowly turned the wheel to the left.
(c) The leaves turned yellow.

〈注〉suddenly 副 突然 | toward 前 …に向かって | wheel 名 ハンドル

2 (a) I found the book interesting.
(b) I found the book easily at that bookstore.
(c) I found my son an interesting book.

3 (a) She makes her husband a cup of coffee in the morning.
(b) She made a brief visit to Taiwan.
(c) Her jokes always make me laugh.

〈注〉brief 形 短い

4 (a) You should keep all your receipts.
(b) In the library you should keep quiet.
(c) This will keep your head and ears warm.

〈注〉receipt 名 領収書

解　答

07

1

(a) He 〈suddenly〉 turned 〈toward the door〉.　第１文型
S　V

和訳｜彼は突然ドアの方を向いた。

▶He が S，suddenly「突然」は副詞なので文の主要素になりません。その後の turned が V です。続く toward the door は〈前置詞＋名詞〉という前置詞句になって，副詞として動詞 turned を修飾していますから，この文は第１文型(SV) だとわかります。**turn は第１文型をとる自動詞で「(体の) 向きを変える」の意味**になります。

(b) He 〈slowly〉 turned the wheel 〈to the left〉.　第３文型
S　V　O

和訳｜彼はハンドルをゆっくりと左に回した。

▶He が S，slowly「ゆっくりと」は副詞ですから文の主要素になりません。その後の turned が V です (ここまで (a) と同じ構造)。直後に the wheel「ハンドル」という名詞がありますが，補語 (C) だと考えると He = the wheel になってしまい，意味が通りません。目的語 (O) だと考えると，**他動詞の turn「…を回す」と合わせて「ハンドルを回す」となり，意味が通ります**。後の to the left は前置詞句で主要素になりません。よって，この文は第３文型 (SVO) となります。

(c) The leaves turned yellow.　第２文型
S　V　C

和訳｜葉っぱが黄色くなった。

▶V の後の yellow は「黄色い」という意味の形容詞で，第２文型 (SVC) になります。turn は **turn＋C で「C (ある状態・色) になる」**という意味です。yellow を「黄色」という意味の名詞でとってSVOと考えてしまうと，turnは他動詞で「…を回す」などの意味になってしまいますから，意味が通りません。このように，**文型は動詞の後にくる要素の分析と単語（特に動詞）の知識で判断する**ことになります。

2

(a) I found the book interesting.　第５文型
　　S　V　　O　　　　C

和訳｜私はその本が面白いと思った。

►Vの後に名詞the book「本」と形容詞interesting「面白い」が置かれています。**形容詞は１語では直前の名詞を修飾できない**（⇒第１章５節）**ので，この形容詞は補語（C）になります**。よってこの文は第５文型（SVOC）になり，findは「OがCだとわかる，思う」の意味だとわかります。

(b) I found the book 〈easily〉〈at that bookstore〉.　第３文型
　　S　V　　O

和訳｜私はあの本屋でその本を簡単に見つけた。

►Vの後に名詞the book「本」がきて目的語（O）になっています（仮に補語（C）だとすると，I＝the bookになってしまいます）。easilyという副詞がありますが，**副詞は文の主要素（S/V/O/C）にならないので，カッコに入れて飛ばします。**その後もat the book storeという**前置詞句が続くので，こちらもカッコにくくる**と，この文は第３文型（SVO）だとわかります。第３文型のfindは「Oを見つける」の意味になります。

(c) I found my son an interesting book.　第４文型
　　S　V　　O_1　　　　O_2

和訳｜私は息子に面白い本を見つけてやった。

►I (S) found (V) my son (O) までの構造は (b) と同じです。その後に名詞 an interesting book「面白い本」がきています。仮に補語 (C) だと考えると my son と an interesting book の間に SV 関係があることになりますが，My son is an interesting book. は意味不明です。an interesting book を目的語 (O) だと考えると，動詞の後に O が 2 つ置かれた第 4 文型 (SVO_1O_2) で my son が「行為を行う相手」となり，文意が通ります。

3

(a) She makes her husband a cup of coffee 〈in the morning〉.　第 4 文型
S　V　O_1　O_2

和訳｜朝，彼女は夫にコーヒーを淹れる［作る］。

►V の後に her husband という名詞と a cup of coffee「(一杯の) コーヒー」という名詞が並んでいます。**第 5 文型 (SVOC) だと考えると OC に SV 関係が生じて Her husband is a cup of coffee. (?) になってしまいます**。第 4 文型 (SVO_1O_2) だと考えれば意味が通ります。

(b) She made a brief visit (to Taiwan).　第 3 文型
S　V　O

和訳｜彼女は短期間だけ台湾を訪問した。

►**冠詞の a から始まる a brief visit「短い訪問」が名詞のカタマリ**で，目的語 (O) になります。visit は動詞「…を訪問する」もありますが，名詞「訪問」の意味もあります。to Taiwan は直前の名詞 visit にかかる形容詞として働く前置詞句です。よって，第 3 文型 (SVO) です。

(c) Her jokes 〈always〉 make me laugh.　第 5 文型
S　V　O　C

直訳｜彼女の冗談はいつも私を笑わせる。
意訳｜彼女の冗談に，私はいつも笑ってしまう。

►Her jokes (S) の後の副詞 always「いつも」は文の主要素になりませんからカッコにくくると，make が V だとわかります。その後には me という (代) 名詞の後に laugh という動詞がありますから，これは使役動詞の make「O に C させる」の形だとわかります。よって第５文型 (SVOC) となります。

4

(a) You should keep all your receipt. 第３文型
S V O

和訳｜あなたは全ての領収書を保管しておくべきです。

►仮に動詞 keep の後に all と your receipt という２つの名詞があると考えると，keep OC「O を C のままにする」の形になりますが，「全てをあなたの領収書のままにする」(？) となり，意味がわかりません。all は**〈all＋所有格 [定冠詞，these]＋名詞〉**という形があり (all his friends [all the students, all these books])，まとめて**名詞のカタマリ**にできます。ここでは all your receipts「あなたの全ての領収書」を名詞で目的語 (O) として第３文型 (SVO) でとれば，keep が他動詞で「…を保管する」となり，意味が通ります。

(b)〈In the library〉you should keep quiet. 第２文型
S V C

和訳｜図書館の中では静かにしているべきだ。

►最初に**〈前置詞＋名詞〉のカタマリ (前置詞句) がありますが，この名詞は主語 (S) にはなりません** (⇒第１章７節)。続く you が主語 (S)，should keep が述語動詞 (V) です。その後ろには **quiet「静かな」という形容詞**が続いていますから，第２文型 (SVC) の文だと判断できます。keep C で「C のままでいる」という意味です。

(c) This will keep your head and hands warm.　第５文型
S　V　O　C

和訳｜これはあなたの頭と手を温めてくれるでしょう。

▶This (S) will keep (V) に続き，your head「あなたの頭」という名詞で止めてしまうと，「あなたの頭を保管する」(?) になってしまううえに，and の後で hands (名詞) warm (形容詞) となっていることの説明がつきません。ここは and で head「頭」と hands「(両) 手」が並列されていると考えて，**your head and hands でひとまとまり**として考えれば，続く形容詞 warm を補語 (C) として **keep OC「O を C のままにする」**の形だとわかります。よって第５文型 (SVOC) です。

COLUMN

文型はいつも意識しなくてはいけないの？

試験本番において，ここで述べられていることをいちいち考えていては，もちろん時間が足りなくなってしまいます。ただし，それは「だから考えなくてよい」ということにはなりません。**学習の初期段階では，本書で述べていることを徹底的に意識してください。すると次第に慣れてきて，あまり意識せずとも英文を正しく解釈できるようになってきます。**最初は徹底的に意識して慣れる→意識しなくてもその操作が行えるようになってくる→正確に速く英文が読めるようになってくる，と進んでいくのです。慣れないうちは大変でしょうし，最初はまどろっこしく感じるかもしれませんが，長期的な視野を持って取り組んでいきましょう。

第3章

句と節

句と節とは

英文を読む際に，単語だけ追いかけて意味をつなぎ合わせていては，読むのが非常に遅くなってしまいます。**英文をスラスラ読めるようになるためには，英語をある程度の「カタマリ」で捉える意識が必要**です。この「カタマリ」に相当するのが「句」や「節」という概念です。**「句」とはSVを含まない2語以上のカタマリ，「節」とはSVを含む2語以上のカタマリ**のことです。「名詞句・名詞節」を例にとって，もう少し詳しく見てみましょう。

IやMomotaroは1語で名詞ですが，how to use this computer「このコンピュータの使い方」のように，**2語以上でまとまって名詞の働きをするもの**があります。以下の[ ]は全て他動詞knowの目的語になっています。

① I don't know [*Momotaro*].
私は[『桃太郎』]を知らない。

② I don't know [how to use this computer].
私は[このコンピュータの使い方]を知らない。

③ I don't know [why he was absent from school yesterday].
私は[なぜ昨日彼が欠席したのか]を知らない。

上記の②③の[ ]のように，**2語以上のカタマリが名詞の働きをしているものを「名詞句」「名詞節」と呼びます**。②のように，そのカタマリの中にSVを含まないもの(to useはto不定詞であり，本来の動詞の役割の一部が失われているため，Vには含みません)を「名詞句」と呼び，③のようにカタマリの中にSVを含むもの(why he (S) was (V) absent ...)を「名詞節」と呼びます。

これらのカタマリを認識するためには，**どのようなものが「句」や「節」を作るのか**を知る必要があります。上記②では〈疑問詞＋to不定詞〉が名詞句を作り，③では疑問詞whyが名詞節を作る役割を果たしています。他にどのようなものがあるのか，しっかり確認していきましょう。

形容詞句

形容詞句は「形容詞の働きをする，SV を含まない２語以上のカタマリ」と定義できます。形容詞は「前後の名詞を修飾する」あるいは「C になる」という役割を果たします（⇒第１章）が，**形容詞句（および形容詞節）の多くは前の名詞を修飾します。**

(a) to不定詞の形容詞用法

to 不定詞には，いわゆる「名詞用法」「形容詞用法」「副詞用法」の３種類があり，**動詞を to *do* の形で用いることで，それぞれ「名詞」「形容詞」「副詞」の役割を持たせたもの**だと考えることができます。ここでは「形容詞用法」を扱います。

to 不定詞の形容詞用法は直前の名詞を修飾し，「…する＋〈名詞〉」のように訳します。日本語として不自然な場合は「…すべき」「…しうる」といったように，文脈に応じて適宜言葉を補って訳出することもあります。

（1）a place（to visit）　訪れるべき場所

（2）a person（to support you）　あなたを支えてくれる人

（3）time（to prepare for the exam）　試験の準備をする時間

to 不定詞の形容詞用法には上記の３つの使い方があります。（1）は修飾される名詞 place と修飾する to 不定詞の動詞部分 visit に visit（V）the place（O）という **VO の関係性**があります。（2）は a person と support（you）に the person（S）supports（V）（you）という **SV の関係性**があります。そして（3）は「time を prepare する」（VO の関係性）でも，「time が prepare する」（SV の関係性）でもなく，to 不定詞部分が time に対する**内容説明**（どのような「時間」かというと，試験の準備をする「時間」，という関係性）になっています。

(b) 分詞

分詞は（分詞構文を除き）**「動詞を形容詞的に用いたもの」**と考えるとわかりやすくなります。

take photographs there　そこで写真を撮る
V　O

上記は動詞表現ですが，この take に -ing をつけて現在分詞にすると，次のように名詞を修飾することができます。

the person (taking photographs there)　そこで写真を撮っている人

taking だけでなく，**元々の動詞 take が引き連れていた目的語 photographs や，副詞の there も合わせて，分詞が導く形容詞句になっている**ことに注意してください。

上記の例では the person「人」と take「（写真を）撮る」が**能動関係**になっていますが，次の例では photographs「写真」と take「（写真を）撮る」が**受動関係**（「写真」が撮られるという関係性）になっているので，過去分詞形 taken が用いられています。

the photographs (taken there)　そこで撮られた写真

このように，**名詞を直接修飾する場合，修飾する名詞との意味関係が能動関係「する・している」なら現在分詞，受動関係「される・された」なら過去分詞を用いる**ことになります※。

※　なお，the mountain covered with snow が「雪で覆われた山」だけでなく「雪で覆われている山」と訳すこともあるように，最終的な日本語の訳は能動＝「する・している」/ 受動＝「される・された」になるとは限りません。

なお，分詞は名詞を直接修飾するだけでなく，以下のようにC（補語）になることもあります。ただし，これらは「分詞」や「形容詞句」として意識するよりも，動詞の語法として処理するほうが現実的です。

The girl kept dancing on the stage.
S V C

和訳｜その女の子はステージ上で踊り続けた。

▶ dancing on the stage は分詞ですが，keep -ing「…し続ける」という keep の語法として覚えたほうが有益です。-ing が動名詞か分詞かのような区別も不要です。

I saw the girl dancing on the stage.
S V O C

和訳｜その女の子がステージで踊っているのを見た。

▶ 知覚動詞（⇒第２章６節（d））などの一部の動詞でCに分詞がきますが，こちらも動詞の語法として覚えていってください。

(c) 前置詞句

第１章で説明したように，〈前置詞＋名詞〉は形容詞または副詞の働きをします（⇒第１章７節）。形容詞として働く場合は，原則として直前の名詞を修飾します。

a cat (in the box)　箱の中のネコ

名詞句

名詞句とは，「名詞の働きをする，SV を含まない２語以上のカタマリ」です。名詞のカタマリなので，文中で必ず S/O/C になります（⇒第１章３節）。

(a) 動名詞

動名詞はその名の通り，**「動詞を名詞にしたもの」**と考えるとよいでしょう。

read books　本を読む
V　O

上記は動詞表現ですが，この read に -ing をつけると動名詞になり，reading books で名詞のカタマリ（＝名詞句）になります。

［reading books］　本を読むこと（名詞句）
(V)　(O)

「…（する）こと」という日本語と似た働きをしていると言うこともできます。reading だけでなく，**元々の動詞 read が引き連れていた books も合わせて名詞句**になっていることに注意してください。

動名詞が導く名詞句は**文の中で主語（S），他動詞や前置詞の目的語（O），補語（C）になります。**

Reading books is essential to developing literacy（読み書きの） skills（力）.

Reading books という動名詞で１つの名詞に相当すると気づければ，**この動名詞が主語（S）としての役割を持っている**ことがわかります。is が動詞で，「本を読むことは…」という訳になります。

[Reading books] is ...
S→ V

なお，books (S) is (V) ... と読んでしまうと文頭の reading の役割がよく分からなくなってしまうので，そのように読むことはできません（そもそも，books が主語なら be 動詞は are になりますが……）。

そして前置詞 to の後ろでも develop (V) literacy skills (O)「読み書きの力を発達させる」という動詞表現を元にした developing literacy skills「読み書きの力を発達させること」という**名詞句が前置詞の O として役割を果たしています。**

[Reading books] is essential to [developing literacy skills].
S→ V C 前 前のO→

和訳｜本を読むことは読み書きの力を発達させるのに不可欠だ。

なお，**動名詞はもともと動詞から派生したものですから，隠れた「主語」があります。-ing の前に所有格**（my, his, your, Ken's など）**または目的格**（me, him, you, Ken など）**を置いて動名詞の意味上の主語を表すことができます。**

He objected to [**my** paying the bill].
S V 前 前のO→

和訳｜彼は私が勘定を支払うことに反対した。

pay the bill「勘定を支払う」のは「私」です。よって，**文の主語である He「彼」とは異なるため，「私が勘定を支払うこと」を my paying the bill と表現します。**これは I (S) pay (V) the bill. という文をもとにして，my paying the bill という動名詞表現を作ったと考えるとわかりやすいでしょう。

I (S) pay (V) the bill. → my paying the bill（動名詞）

では，先ほどの reading books「本を読むこと」と developing literacy skills「読み書きの力を発達させること」の意味上の主語がないのはなぜでしょうか。それは，**動名詞の主語にあたるものが「一般の人」「文の主語と同じ」である場合，あるいは「前後関係から明らか」である場合は，意味上の主語を明示する必要がない**からです。これらの主語は「(特定の誰かではなく) 一般の人」です。

You (S) read (V) books.
→ your reading books (動名詞)
→ 一般人称なので your を書かずに reading books

You (S) develop (V) literacy skills.
→ your developing literacy skills (動名詞)
→ 一般人称なので your を書かずに developing literacy skills

では，下記の例文の being compared to his brother「彼の兄と比較されること」の主語にあたるのは何でしょうか。

↓be compared to ... の動名詞形
He doesn't like [being compared to his brother].
S V O→

和訳 | 彼は彼の兄と比較されるのが好きではない。

being compared to his brother「彼の兄と比較されること」の主語にあたるのは，文の主語と同じ He「彼」です。「彼が彼の兄と比較される」という関係性を考えればわかるでしょう。意味上の主語は，文の主語と同じなので書かれないのです。

He (S) is compared (V) to his brother.
→his being compared to his brother (動名詞)
→文の主語と同じなので his を書かずに being compared to his brother

COLUMN **意味上の主語の落とし穴**

意味上の主語は誤読につながる場合があるので注意が必要です。例えば，特に口語では，He objected to my paying the bill. において所有格で表されている意味上の主語が，He objected to me paying the bill. という目的格で表されることがあります。この場合，He objected to ＋ me paying the bill. という正しい形ではなく，He objected to me「彼は私に反対した」＋ paying the bill という文に見えてしまい，誤読につながる（例えば，「彼は勘定を払いながら私に反対した」のように解釈してしまうなど）ことがあるのです。**me paying the bill がカタマリ（名詞句）に見えるように，動名詞の意味上の主語を用いた形にしっかり慣れましょう。**

(b) to不定詞の名詞用法

to 不定詞の名詞用法は「…すること」と訳し，文中で S/O/C になります。

learn from mistakes　過ちから学ぶ
V

上記は動詞表現です。この表現を to *do* の形にすることで，名詞としての役割を持たせることができます。

[To learn from mistakes] is important.
S→　V　C

和訳｜過ちから学ぶことは重要だ。

ここでは To learn from mistakes「過ちから学ぶこと」という**名詞用法の to 不定詞が，文中で主語（S）として機能しています**。動名詞と同様に，元々動詞についていた要素（ここでは from mistakes という前置詞句）も一緒に名詞句を形成していることに注意してください。

なお，英語は主語が長いのを嫌うため，今回のような長い to 不定詞の主語は形式主語（仮主語）it を用いて後ろに回されるほうが自然です。

	[To learn from mistakes]	is important.
→	It	is important [to learn from mistakes].
	形式主語	真主語→

なお，動名詞と同様に to 不定詞も，必要があれば意味上の主語をつけることができます。**to 不定詞の場合は〈for ＋名詞〉で意味上の主語を表せます。**

It	is	important	**for me**	to learn from mistakes.
形S	V	C		真S→

和訳｜私は過ちから学ぶことが必要だ。

この例では，to learn from mistakes「過ちから学ぶこと」に対して，「**私が**過ちから学ぶこと」のように意味上の主語 me を付け加えています。I (S) learn (V) from mistakes. という文をもとに，for me to learn from mistakes という名詞句を作っているのです。なお，動名詞と同様に，「一般人称」「文の主語と同じ」などの場合は意味上の主語をつけません。

(c) 疑問詞＋to不定詞

〈疑問詞（what, which, who(m), where, when, how など）**＋to *do*〉の形で名詞句を作ることができます**。what to do なら「何をすべきか（ということ）」，when to have a medical examination なら「いつ健康診断を受けるべきか（ということ）」のように，「〈疑問詞の意味〉＋〈動詞部分の意味〉＋べきか（ということ）」のような意味合いになります。

It is hard to decide where to start.

上記では where to start「どこから始めるべきか」という名詞句が，他動詞 decide の目的語として機能しています。

It is hard [to decide [where to start]].
形S V C 真S→ (V) (O)→

和訳｜どこから始めるべきか決めるのは難しい。

疑問詞	例
what	what to do　何をすべきか
which	which to choose　どちらを選ぶべきか (※which bus to take「どのバスに乗るべきか」のように，名詞を伴うことも多い。)
who(m)	who(m) to trust　誰を信頼すべきか
where	where to go　どこに行くべきか
when	when to leave　いつ出発すべきか
how	how to play　どのように遊ぶべきか，遊び方 (※「…の仕方，やり方，方法」のように訳すことも多い。)

また，疑問詞に準ずる whether も whether to *do*「…すべきかどうか」という形を作ることができます。

The question is [whether to buy the car].
S V C→

和訳｜問題はその車を買うべきかどうかだ。

副詞句

副詞句は「副詞の働きをする，SV を含まない２語以上のカタマリ」です。**副詞は名詞以外を修飾する**役割を果たします（⇒第１章６節）。

(a) to不定詞の副詞用法

to 不定詞の副詞用法には，主に「目的・感情の原因・判断の根拠・結果」の４つの意味があります。それぞれの意味と区別するためのポイントを確認しましょう。

① 目的

動詞を修飾し，その動作の目的を表します。

He drove carefully 〈to avoid accidents〉.
〈To avoid accidents〉, he drove carefully.

和訳｜〈事故を避けるために〉彼は注意深く運転をした。

- この用法が一番出てくる用法です。文頭にも文末にも置かれます。
- 「…するために，…するように」などと訳します。
- 「目的」であることを明確にするために，in order to *do* や so as to *do* という形にすることもあります。

② 感情の原因

感情を表す形容詞を修飾し，その感情の原因を表します。

I was glad 〈to hear that he finally passed the exam〉.

和訳｜〈彼がやっと試験に合格したと聞いて〉私は嬉しかった。

- 感情を表す形容詞（この場合は glad）の後に置かれます。
- 「…して」「…したので」などと訳します。

③ 判断の根拠

判断を表す内容に対し，その根拠を表します。

He was careless 〈to make such a mistake〉.

和訳｜〈そんなミスをするなんて〉彼は不注意だった。

- 判断を表す内容の後に置かれます。
- 「…するなんて」「…するとは」などと訳します。

④ 結果

直前の内容に対する結果を表します。代表的な表現は以下の４つなので，定型表現として覚えてしまいましょう。

grow up to be ... 「成長して…になる」

The poor student grew up 〈to be a great scientist〉.

和訳｜その出来の悪い生徒は，成長して偉大な科学者になった。

live (up) to be＋年齢 「(年齢) まで生きる」「生きて (年齢) になる」

He lived 〈to be ninety years old〉.

和訳｜彼は 90 歳まで生きた。

wake up to *do* 「目が覚めて…する」

I woke up 〈to find a note from my roommate on the table〉.

和訳｜目が覚めると，私はテーブルの上にルームメイトの書き置きがあるのを見つけた。

only to *do* 「～したが，結局…だ」(残念な結果)

I studied all night, only 〈to fail the exam〉.

和訳｜私は一晩中勉強したが，結局試験に落ちてしまった。

演習問題

次の下線部の to *do* はそれぞれどのような用法でしょうか。

1

『シンデレラ』｜舞踏会に行けずに泣いているシンデレラの前に突然老女が現れる場面

〈注〉her は老女を指す。

Cinderella was so surprised to see her that she stopped crying.

2

『桃太郎』｜冒頭の「おじいさんは山へしばかりに・・・」の場面

One day the old man went to the hills ①to gather firewood and the old woman took some clothes to the river ②to wash as usual.

〈注〉hill 名 山（mountain より低い小山）｜ gather firewood しばかりをする（＝燃料となる木の枝などを集める）｜ clothes 名 衣服; 洗濯物 ｜ as usual いつものように

解　答

08

■1〈感情の原因〉

＝老女　＝シンデレラ Cinderella was so surprised 〈**to see her**〉〈that she stopped crying〉. S　V　C　感情の原因

和訳｜シンデレラは彼女を見てとても驚き，泣き止みました。

▶感情を表す形容詞 surprised があり，その後に to 不定詞が続いているので，感情の原因だと考えて意味をとると，「彼女を見てとても驚いた」となり，意味が通ります。

▶なお，her の後の that は，so と相関的に用いられる so ～ that ...「とても～なので ...」の形になっています。

■2 ①〈目的〉　②〈目的〉

〈One day〉 the old man went 〈to the hills〉〈**to gather firewood**〉 S　V　目的 and the old woman took some clothes 〈to the river〉〈**to wash**〉〈as usual〉. S　V　O　目的

和訳｜ある日，いつものようにおじいさんは山へしばかりに，おばあさんは洗濯をするために川へ洗濯物を持っていきました。

▶ここでは①②共に感情の原因・判断の根拠・結果と共に使う表現がありませんから，〈目的〉の用法だと考えると，おじいさんが山へ行く目的が「しばを刈るため」，おばあさんが川へ洗濯物を持っていく目的が「洗うため」という自然な意味になります。

(b) 分詞構文

分詞は基本的に「動詞を形容詞的に用いたもの」となります (⇒第３章２節 (b)) が，ここで扱う**分詞構文は副詞のカタマリ**となります。

> Smiling happily, Jeff walked hand in hand with his girlfriend.

ここでは Smiling happily「嬉しそうに微笑んで」が〈付帯状況〉を表す副詞句として主節の動詞 walked「歩いた」を修飾しています。

> 手をつないで
> 〈**Smiling happily**〉, Jeff walked 〈hand in hand〉〈with his girlfriend〉.
> 分詞構文→ S V

和訳｜嬉しそうに微笑んで［嬉しそうに微笑みながら］，ジェフは彼女と手をつないで歩いた。

分詞構文は ①文頭 ②主語の直後 ③文末 に置かれます。これは動詞修飾の副詞が置かれる位置と同じです。

① 〈**Smiling happily**〉, Jeff walked hand in hand with his girlfriend.
② Jeff, 〈**smiling happily**〉, walked hand in hand with his girlfriend.
③ Jeff walked hand in hand with his girlfriend, 〈**smiling happily**〉.

分詞構文には**〈時〉〈理由〉〈付帯状況〉**などの意味があり※，これらは文脈で判別する必要がありますが，そもそも**接続詞を使わずに「ゆるく」主文とつなげたものが分詞構文**なので，多くの場合，「…して」「…で」のようなあいまいなつながりで意味をとっていくほうが分詞構文のニュアンスに近くなると言ってよいでしょう。

※　他に〈条件〉や〈譲歩〉の意味があると言われますが，これらは一部の慣用的な表現に限られます。

分詞構文の「意味上の主語」（ここでは smiling happily の主語）は主文の主語（ここでは Jeff）と同じなら書かれません。反対に，**主文の主語と異なるものが主語である場合には，意味上の主語が置かれます**。この形を**独立分詞構文**と呼びます。読解で読み取りにくい形になるので注意が必要です。

The stars twinkling in the night sky, Jeff walked hand in hand with his girlfriend.

前半部が分詞構文ですが，twinkling「きらめく」という分詞の意味上の主語は主文の主語である Jeff ではないため，意味上の主語 The stars が置かれています。

〈The stars　**twinkling in the night sky**〉,
意味上の主語　→分詞構文
Jeff walked〈hand in hand〉〈with his girlfriend〉.
S　V

和訳｜〈星が**夜空にきらめく中,**〉ジェフは彼女と手をつないで歩いた。

この twinkling を The stars を修飾する分詞（⇒第３章２節（b））と見てしまうと，下記のように Jeff (S) walked (V) という主節の前で「名詞が１つ余ってしまう」ことになります。名詞は文中で S/O/C になるはずですから，原則としてその読み方はできません。

↓この名詞が余ってしまう
×The stars (**twinkling in the night sky**), Jeff walked ....
名詞　S　V

この「意味上の主語」（明示されていないなら主文の主語）との関係が能動関係なら現在分詞形（上記の Smiling happily ... / The stars twinkling ... はこっち），受動関係なら過去分詞形を用います。

Seen from a distance, the island looks like a cat.

和訳｜遠くから見ると，その島はネコのように見える。

▶ see「…を見る」と the island「その島」は「その島が見られる」という受動関係になっています。

(c) 前置詞句

〈前置詞＋名詞〉が副詞として働く場合には，主に動詞を修飾します（詳しくは⇒第１章７節を参照してください）。

He started to sleep in front of me during class.

和訳｜彼は授業中に私の目の前で寝始めた。

▶ in front of me「私の目の前で」，during class「授業中に」は共に started to sleep を修飾しています。

Q&A

Q　単語帳にはたくさん意味が載っていますが，全部覚えなければいけませんか？　また，派生語も覚えなければいけませんか？

A　最終的にはほぼ全て覚えていることが理想ですが，現実的には最初から全て覚えようとするのは無理があります。**まずは１つの単語につき１つの意味**（あるいは赤字で書かれた重要な意味が複数ある場合にはそれらの意味）を重点的に覚えて，残りの事項は軽く眺めて「慣れて」いってください。その後，何度も復習するうちに少しずつ他の訳語なども覚えていき，例文あるいは長文の中で出てきた該当単語の使われ方をチェックしながら，その**単語の全体像を掴む**（≠訳語を全部覚える）ようにするのを目標とするのがよいでしょう。

派生語に関しても同様です。最初から無理をしないことが肝心です。派生語の場合は語尾変化など一定のパターンもありますから，暗記するというよりも「眺めて慣れる」ほうを優先してください。ただし，特に重要だと記されているものは覚えてしまいましょう。

5 句の識別

ここではto 不定詞，-ing 形について，それぞれの用法をまとめ，各用法の識別の仕方を学びます。

(a) to *do*

これまで見てきたように，to 不定詞には形容詞用法（⇒第３章２節），名詞用法（⇒第３章３節），副詞用法（⇒第３章４節）の３種類があります。to *do* という形は同じですが，その働きや意味合いは全く異なります。形容詞用法の to 不定詞は形容詞句として直前の名詞を修飾し，名詞用法の to 不定詞は名詞句なので文中で S/O/C という主要素になり，副詞用法は副詞句として動詞や形容詞を修飾して情報を加える働きをします。

to *do*	品詞上の分類	働き	例
形容詞用法	形容詞句	名詞を後置修飾する	a place (**to visit**)　訪れるべき場所
名詞用法	名詞句	文中でS/O/Cになる	[**To learn from mistakes**] is important. 過ちから学ぶことは重要だ。
副詞用法	副詞句	動詞や形容詞を修飾	He drove carefully 〈**to avoid accidents**〉. 事故を避けるために彼は注意深く運転をした。

演習問題

下線部の to 不定詞は，形容詞用法，名詞用法，副詞用法のどれでしょうか。

1 The first step in his career path is to start his own business.

2 He finally quit his job to start his own business.

3 He gave up his attempt to start his own business.

解　答

09

1 名詞用法

仕事の進路
The first step (in his career path) is [**to start his own business**].
S　V　C→

和訳｜彼の仕事の進路の最初のステップは，**自分の会社を立ち上げることだ**。

▶The first step が名詞で主語(S)，in his career path が前置詞句，is が述語動詞(V)と見ていくと，be 動詞の後に to start his own business という to 不定詞があるとわかります。**be 動詞は存在を表す用法**(⇒第2章2節)**でなければ後ろに補語(C)をとる第2文型(SVC)**になりますから，この to start his own business が名詞用法で，文の主要素である補語(C)になっていると考えることができます。The first step in his career path = to start his own business という S=C の関係も成立しています。

2 副詞用法

He ⟨finally⟩ quit his job ⟨**to start his own business**⟩.
S　V　O

和訳｜彼は**自分の会社を立ち上げるために**，とうとう仕事を辞めた。

▶He が主語(S)，finally が副詞，quit が述語動詞(V)，his job が目的語(O)で「彼はとうとう仕事を辞めた」という第3文型(SVO)の文が成立しています。よって，to start his own business は**1**のように名詞用法として文の主要素にはなりません。

▶直前の名詞 his job を修飾する形容詞用法だと考えると，「自分の会社を立ち上げる彼の仕事(を辞める)」(?)となってしまい，意味が通りません。

▶ここでは to 不定詞を副詞用法・目的だと考えれば，述語動詞 quit にかかり，「自分の会社を立ち上げるために仕事を辞める」となり，意味が通ります。

3 形容詞用法

He gave up his attempt (**to start his own business**).
S V O

和訳｜彼は**自分の会社を立ち上げるという**試みを諦めた。

▶ He が主語 (S), gave up が述語動詞 (V), his attempt が目的語 (O) で「彼は彼の試みを諦めた」という第 3 文型 (SVO) の文が成立しています。よって, to start his own business は**1**のように名詞用法として文の主要素にはなりません。

▶ **2**のように副詞用法だと考えると, 直前に感情や判断を表す形容詞などがないことから〈目的〉になりますが,「自分の会社を立ち上げるために彼は彼の試みを諦めた」だと,「彼の試み」が漠然としていて不自然です (もちろん, 文脈があれば成立する可能性はありますが……)。

▶ ここでは to start his own business が直前の名詞 his attempt「彼の試み」を修飾する形容詞用法だと考えれば,「自分の会社を立ち上げるという試み」のように his attempt の内容説明を行う形となり, 文意が通ります。なお, 名詞 attempt は attempt to *do*「…する試み」の形でよく用いられます。

このように to 不定詞は, **S/O/C という文の主要素になっていれば名詞用法** (「…すること」と訳す) であり, **文の主要素になっていなければ形容詞用法か副詞用法**になります。そして**前に名詞がなければ副詞用法で確定し, 直前に名詞がある場合は直前の名詞との関係性を考え, 意味が通るかどうかで形容詞用法** (直前の名詞を修飾) **と副詞用法** (動詞や形容詞を修飾) **に判別していく**, というのが基本的な手順になります。慣れてくると一瞬でわかるようになりますが, 最初はじっくりと考えるようにしてください。

(b) -ing

続いて -ing 形の識別です。(現在) 分詞 (⇒第３章２節)，動名詞 (⇒第３章３節)，分詞構文 (⇒第３章４節) は全て -ing 形ですが，その役割は全く異なります。分詞は形容詞句として主に直前の名詞を修飾し，動名詞は名詞句なので文中で S/O/C という文の主要素になり，分詞構文は副詞句として主文に情報を加える働きをします。

-ing 形	品詞上の分類	働き
分詞	形容詞句	名詞を後置修飾する
動名詞	名詞句	文中で S/O/C になる
分詞構文	副詞句	主文に情報を加える

演習問題

下線部は分詞，動名詞，分詞構文のどれでしょうか。

1 Waiting for the bus gave me a chance to observe my surroundings.

〈注〉observe 動 …を観察する ｜ surroundings 名 周囲にあるもの

2 Waiting for the bus, he realized he had left his cell phone at home.

3 The people waiting for the bus complained loudly about the long wait.

〈注〉complain 動 不満を言う ｜ loudly 副 大声で

解　答

10

1 動名詞

動名詞S　　　to不定詞の形容詞用法（a chance to *do* で「…する機会」）

［**Waiting for the bus**］gave me a chance (to observe my surroundings).

S→　V　O1　O2　(V)→　(O)

直訳｜バスを待つことは周囲のものを観察する機会を私に与えてくれた。
意訳｜バスを待つことで，私は周囲を観察する機会を得た。

► Waiting for the bus の後に gave という動詞がきています。述語動詞（V）の前には主語（S）が必要ですから，Waiting for the bus は動名詞が導く名詞句で文の主語（S）になっているとわかります。

2 分詞構文

分詞構文　　　↓realize that ... のthatの省略

〈**Waiting for the bus**〉, he realized [he had left his cell phone 〈at home〉].

S　V　S'　V'　O'

和訳｜バスを待っていると［バスを待っていた時］，彼は家に携帯電話を忘れてきたことに気づいた。

► **1** と同様に Waiting for the bus から文が始まっていますが，その後にカンマを挟んで he（S）realized（V）... という SV がきていますから，Waiting for the bus は分詞構文で副詞節になっているとわかります。

► 後に SV が続いていますから，Waiting for the bus を動名詞が導く名詞句（→文中で S/O/C になる）と考えることはできません。

► 直前に名詞がありません（し，この位置では補語（C）にもなれません）から分詞でもありません。

3 分詞

The people (**waiting for the bus**) complained 〈loudly〉 〈about the long wait〉.
S V

和訳｜バスを待っていた人々は，長く待たされていることに対して大声で文句を言った。

▶最初に The people という名詞があって主語(S)になっていますから，その後の waiting for the bus が名詞要素(→ S/O/C になる)と考えることはできません。

▶waiting for the bus を修飾要素として直前の名詞 The people を修飾すると考えると，その後の complained が述語動詞(V)となり，正しい形になります。よって waiting for the bus は分詞の導く形容詞句です。

▶仮に waiting for the bus が分詞構文であれば，The people, waiting for the bus, complained ... のように，前後にカンマが必要になります。

ing 形の識別も考え方は to 不定詞の場合と同様で，**S/O/C という文の主要素になっていれば動名詞**(「…すること」と訳す)であり，**文の主要素になっていなければ分詞か分詞構文**になります。そして**直前の名詞を修飾する形容詞として働いていれば分詞，副詞として働いていれば分詞構文**です。

6 形容詞節

続いて節，すなわち，SV を含む２語以上のカタマリについて扱います。

形容詞節は「形容詞の働きをする，SV を含む２語以上のカタマリ」です。形容詞節は原則として **関係詞＋(S) V** という形の関係詞が導く節※であり，名詞を後置修飾します。

傑作
The painting (which hangs on the wall) is a masterpiece.

和訳｜その壁にかかっている絵画は傑作だ。

このように，**関係詞が導く節は直前の名詞**（この名詞のことを「先行詞」と呼びます）**を修飾し，説明を加える働き**をしていますので，形容詞節となります。関係詞が導く節は以下のような形を元にしています。

the painting ＋ it hangs 〈on the wall〉 絵画＋それは壁にかかっている
先行詞 S' V'
which
the painting (which hangs 〈on the wall〉) 壁にかかっている絵画
(S') V'

※ 関係詞が導く節のことを「関係詞節」と呼びます。関係詞という文法事項に焦点を当てると「関係詞節」，文中での役割（→品詞）に焦点を当てると「形容詞節」と呼ぶわけです。関係詞節は必ずしも形容詞節になるわけではなく，例えば関係代名詞 what が導く節は「関係詞節」ですが，「名詞節」になります（⇒第３章７節）。

説明文にあたる「それ（＝その絵画）は壁にかかっている」の中の主語（S）となっている**代名詞** it（先行詞 the painting を指す）を関係**代名詞** which にして前に持ってくることで，先行詞の名詞 the painting を修飾する形容詞節を作っています。which は節内で主語（S）の役割を果たしている（または，関係代名詞 which の節内で主語（S）となる名詞が欠けている）と言うことができます。

続いて，目的語（O）の代名詞が関係代名詞になるパターンです。「絵画」に対して「私は昨日それ（＝その絵画）を買った」という説明文を加えてみます。

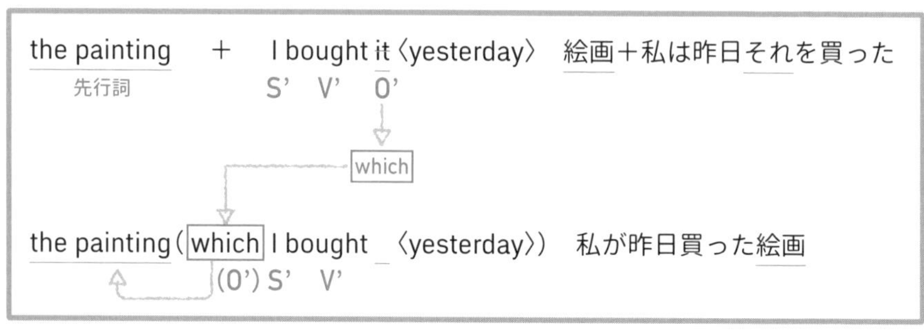

これを文の中に組み込むと，以下のようになります。

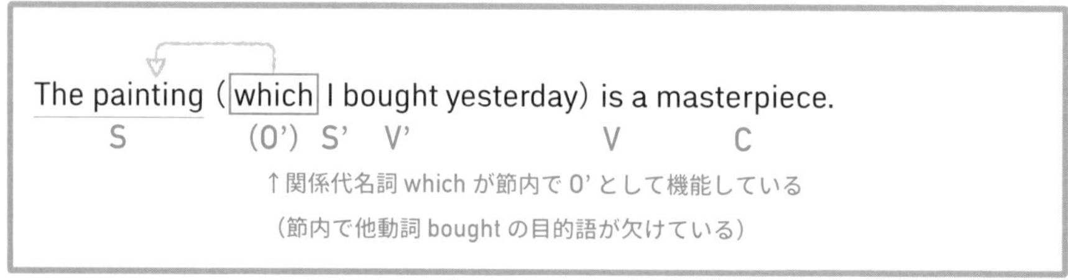

和訳｜私が昨日買った絵画は傑作だ。

続いて前置詞の目的語（O）が関係代名詞になるパターンです。「絵画」に対して「彼がそれ（＝その絵画）について話題にした」という説明を加えてみます。

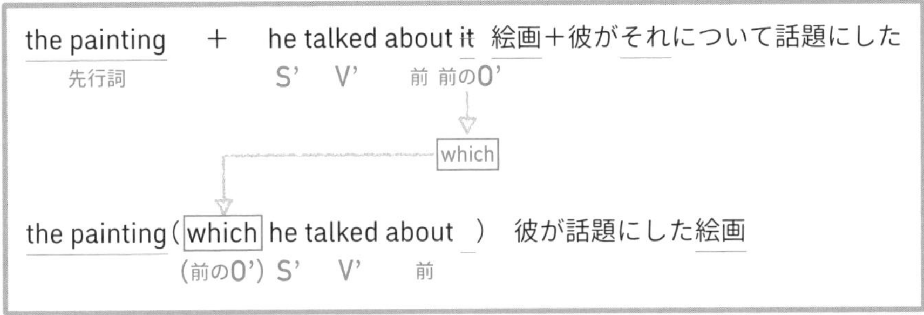
the painting + he talked about it 絵画＋彼がそれについて話題にした
先行詞
S’ V’ 前 前のO’
which
the painting（which he talked about ） 彼が話題にした絵画
（前のO’） S’ V’ 前

これを文の中に組み込むと，以下のようになります。

The painting（which he talked about）is a masterpiece.
S （前のO’） S’ V’ 前 V C
↑関係代名詞 which が節内で前の O’ として機能している
（節内で前置詞 about の目的語が欠けている）

和訳｜彼が話題にした絵画は傑作だ。

さて，ここからが英文解釈で特に重要なポイントです。**〈名詞＋関係代名詞＋SV〉という形の時，しばしば関係代名詞が省略されます。**

The painting I bought yesterday is a masterpiece.

►元は The painting（which I bought yesterday）is a masterpiece.
名詞 ＋ 関代 ＋S’ V’

The painting he talked about is a masterpiece.

►元は The painting（which he talked about）is a masterpiece.
名詞 ＋ 関代 ＋S’ V’

ただし，関係代名詞が省略できるのは〈名詞＋関係代名詞＋SV〉という形の時であって，関係代名詞の直後に V が続いている（＝関係代名詞が節内で S として働いている）場合は省略できません。

The painting [which] hangs on the wall is a masterpiece.
名詞 ＋ [関代]＋ V　　　　　　　その壁にかかっている絵画は傑作だ。

この which は直後に hangs という V が続いているため，省略することができません。ここから which を省略してしまうと…

× The painting hangs on the wall is a masterpiece.

これでは hangs と is のどちらが本物の動詞でどちらが関係詞節内の動詞なのか，わからなくなってしまいます。

関係代名詞の省略は「ここで関係代名詞が省略されているな」というのがわかるからこそ，省略できるのです。よって，〈名詞＋関係代名詞＋SV〉という形の場合のみ省略することができます。これを言い換えると，**関係代名詞の省略が起こると必ず〈名詞＋SV〉の形になり，この〈名詞＋SV〉が関係代名詞の省略を見破るカギ**となります。また，SV の部分では他動詞／前置詞の目的語（O）あるいは補語（C）が欠けた形になっていることも手掛かりになります。

関係代名詞の節（＝形容詞節であり，修飾要素にすぎない）**とメインの部分をしっかり読み分けることは，正確な読解をするうえで不可欠**と言えますので，関係代名詞が省略されていることは絶対に読み取れるようにしておかなければいけません。

『桃太郎』
Will you give me one of the cakes you are carrying?

和訳｜あなたが持ち歩いている（きび）団子，一つ私にくれませんか？

▶ the cakes（名詞）[which] you（S）are carrying（V）という形から，関係代名詞 which が省略されています。

前置詞の目的語を関係代名詞にした場合，前置詞も一緒に前に持ってきて，〈前置詞＋関係代名詞〉という形にすることができます。

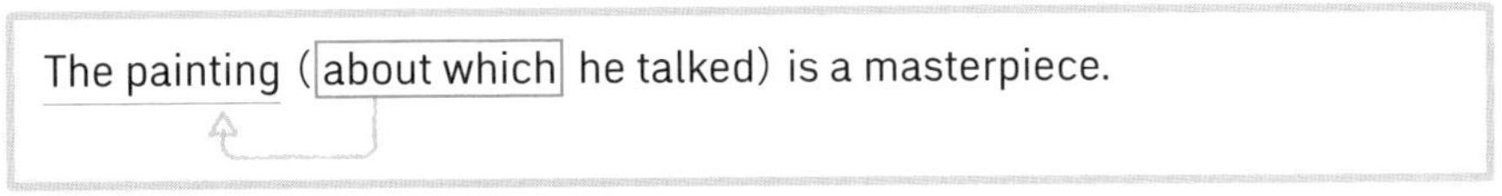

The painting (about which he talked) is a masterpiece.

和訳｜彼が話題にした絵画は傑作だ。

〈前置詞＋名詞〉は形容詞か副詞の役割を果たし，原則として文の主要素 S/O/C になりません（⇒第１章７節）から，〈前置詞＋関係代名詞〉の節内は S/O/C になる名詞の欠けがないことになります。上の文でも，節内の he talked（→第１文型（SV））は名詞が欠けているということがありません。

続いて関係副詞です。関係**代名詞**は**（代）名詞**から作り出したものですが，関係**副詞**は**副詞**から作ります。

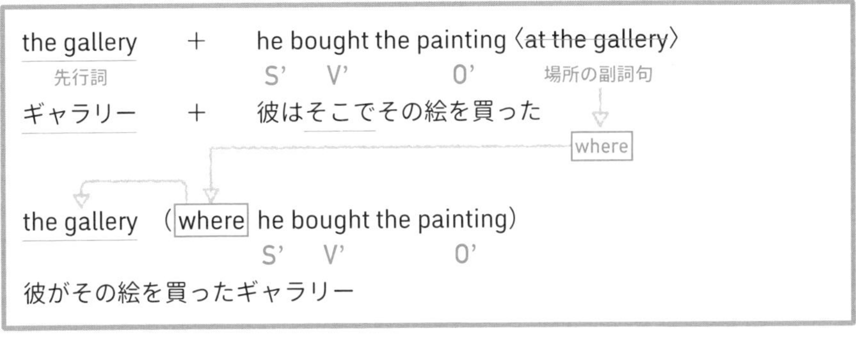

at the gallery は〈前置詞＋名詞〉で場所を表す**副詞**句になっていますので，そこから作り出した関係**副詞**も節内で副詞の役割をします。よって，関係副詞の節内は〈前置詞＋関係代名詞〉の場合と同じように，節内は S/O/C になる名詞の欠けがない（＝完全文である）ことになります。

最後に関係詞の非制限（非限定）用法について学習します。これまで扱ってきた文は，先行詞となっている名詞に複数候補が想定され（＝painting と言ってもいくつもある），その中でどういうものかを意味的に制限（限定）する（＝その中で，私が昨日買った painting）用法でした。これは制限用法または限定用法と呼ばれます。一方，**先行詞となる名詞に，単に説明を加える用法**があります。**〈, ＋関係詞〉の形で表され，関係詞の非制限（非限定）用法と呼ばれます**。

The painting, which had been missing for years, was finally found last year.

和訳｜その絵は，長年行方不明になっていたのだが，昨年ようやく見つかった。

▶関係詞の節は直前の名詞 The painting「その絵」を意味的に限定しているというよりも，補足的に説明を加えています。

なお，文脈によっては「…だが」（逆接）や「…なので」（理由）のように解釈することもあります。関係性を把握したうえで，日本語として自然になるように訳せばよいでしょう。

He likes his sister, who never breaks her promise.

訳例1｜彼は姉が好きだ。決して約束を破らないからだ。
訳例2｜決して約束を破らないので，彼は姉が好きだ。
訳例3｜彼は決して約束を破らない姉が好きだ。

また，〈, ＋ which〉には，非制限用法で「前文の内容（の一部）」を先行詞にとり，それについてコメントを加える用法があります。

He likes his sister, which is surprising to me.

和訳｜彼は姉が好きだが，そのことは私にとって驚きだった。

▶先行詞は his sister ではなく（his sister が先行詞なら関係詞は who になります），He likes his sister「彼は姉が好きだ」という内容です。

演習問題

関係詞節に（　）をつけなさい。

1 Tell me about the company you work for.

2 He is the person I respect most.

3 The book you are reading is *Norwegian Wood*, isn't it?

4 What was the name of the book you told me about the other day?

5 The dress she is wearing today must be expensive.

6 I like the color of the car my father bought last month.

7 Didn't you know the man you were talking with is a famous actor?

8 The city I visited last month has a lot of places you should definitely see.

解答

11

全て〈名詞＋SV〉の箇所に関係代名詞が省略されています。すぐに反応できるようになりましょう。

1 Tell me about the company (you work for).

和訳｜あなたが働いている会社について教えてください。

►the company you work ... が〈名詞＋SV〉です。前置詞 for の目的語が欠けています。

2 He is the person (I respect most).

和訳｜彼は私が最も尊敬する人です。

►the person I respect ... が〈名詞＋SV〉です。他動詞 respect の目的語が欠けています (most は副詞)。

3 The book (you are reading) is *Norwegian Wood*, isn't it?

和訳｜あなたが読んでいる本は『ノルウェイの森』ですよね？

►The book you are reading が〈名詞＋SV〉です。他動詞 read の目的語が欠けています。reading の後に再び動詞の is が出てきますが，これを関係詞の節内に入れてしまうと you (S') are reading (V') is (V?) というように，節内に動詞が２つ出てきてしまいます。is は関係詞節のカッコに入らないわけですから，is の直前でカッコを閉じれば，The book (S) ... is (V) という主節が見えてきます。このように，**動詞 (V) が出てきたら，その動詞 (V) をそれまでに開いているカッコの中に入れるべきかどうかを考える**と，正しい解釈に至ることができます。

4 What was the name of the book (you told me about the other day)?

和訳｜あなたが先日私に言っていた本の名前，何でしたっけ？

▶the book you told ... が〈名詞＋SV〉です。前置詞 about の目的語が欠けています。the other day「先日」は副詞です。仮に名詞だとすると about の目的語になり，①「先日についてあなたが私に言っていた」というのが意味として変，②関係代名詞の節内なのに名詞の欠けがない，という２点がおかしくなります。

5 The dress (she is wearing today) must be expensive.

和訳｜彼女が今日着ているドレスは高価に違いない。

▶The dress she is wearing ... が〈名詞＋SV〉です。他動詞 wear の目的語が欠けています (today は副詞)。must be が動詞 (V) ですから，**3**と同様に考え，today まででカッコを閉じます。

6 I like the color of the car (my father bought last month).

和訳｜私は父が先月買った車の色を気に入っています。

▶the car my father bought ... が〈名詞＋SV〉です。他動詞 bought の目的語が欠けています (last month は副詞)。

7 Didn't you know the man (you were talking with) is a famous actor?

和訳｜あなたが話していた男の人，有名な俳優だって知らなかったの？

▶the man you were talking ... が〈名詞＋SV〉です。前置詞 with の目的語が欠けています。is が動詞 (V) ですから，with まででカッコを閉じます。なお，know と the man の間には名詞節を導く接続詞 that が省略されており，know [(that) the man ... is a famous actor] という構造になっています。

8 The city (I visited last month) has a lot of places (you should definitely see).

和訳｜先月私が訪れた都市には，あなたが絶対に見るべき場所がたくさんあるよ。

▶The city I visited ... と a lot of places you should definitely see がそれぞれ〈名詞＋SV〉です。他動詞の visited および see の目的語が欠けています (last month, definitely は副詞)。

名詞節

名詞節は「名詞の働きをする，SV を含む２語以上のカタマリ」です。**名詞節は〈接続表現＋SV〉という形で文中で S/O/C** になります。この接続表現には，that, whether/if，疑問詞，関係代名詞 what，複合関係代名詞があります。

(a) that

名詞節を導く接続詞 that は**「… ということ」という意味の名詞節**を作ります。

I believe that efforts pay off.

that efforts pay off「努力は実るものだ（ということ）」というカタマリが，他動詞 believe の目的語（O）として機能しています。目的語になれるのは名詞のみ（⇒第１章３節）なので名詞のカタマリであり，かつカタマリの中に efforts (S) pay off (V) という SV を含んでいますので，このカタマリを「**名詞節**」と呼びます。

I believe [that efforts pay off].
S V O→ (S) (V)

和訳 | 努力は実るものだと私は信じている。

なお，that 節が目的語（O）の位置にあるとき，that はしばしば省略されます。

I believe [efforts pay off].

名詞は文中で主語（S），目的語（O），補語（C）になりますから，that 節もこれらの位置にくることができます※。

※ なお，that 節は他動詞の目的語にはなれますが，前置詞の目的語には原則としてなれません。

[That efforts pay off] is believed.
S→ V (←that節がS)

和訳｜努力は実るものだと（一般に）信じられている。

My belief is [that efforts pay off].
S V C→ (←that節がC)

和訳｜私の信念は，努力は実るということだ。

to 不定詞の名詞用法（こちらは「名詞句」）と同様に，that 節が主語に置かれて長くなってしまった場合は，形式主語（仮主語）it を用いて後ろに回されることが多くあります。

[That efforts pay off] is believed.
S→ V
→ It is believed [that efforts pay off].
形S V 真S→

(b) whether / if

whether や if は**「…かどうか」という疑念や選択を表す名詞節**を作ることができます（なお，「もし…ならば」という仮定を表す if は副詞節を作ります（⇒第３章８節(a)））。

I don't know [whether he can meet the deadline].
I don't know [if he can meet the deadline].
S V O→ S' V' O'

和訳｜彼が締め切りを守れるかどうかわからない。

名詞は S/O/C のいずれかになり，whether が作る名詞節はそのいずれにもなることができます。一方，if は原則として他動詞の O にしかなれず，S や C や前置詞の O になることはできません。

[Whether he can meet the deadline] depends on his efficiency.
×if
S→ V

和訳｜彼が締め切りを守れるかどうかは彼の効率性にかかっている。

This project depends on [whether he can meet the deadline].
×if
S V 前 前のO→

和訳｜このプロジェクトは彼が締め切りを守れるかどうかにかかっている。

The problem is [whether he can meet the deadline].
×if
S V C→

和訳｜問題は彼が締め切りを守れるかどうかだ。

	S	他動詞の O	前置詞の O	C
whether	○	○	○	○
if	×	○	×	×
that	○※	○	×	○

※形式主語 it を用いて it ... that の形にするほうが多い。

(c) 疑問詞

who「誰が / を」，which「どれが / を」，whose「誰の」，when「いつ」，where「どこで」，what「何が / を」，how「どうやって」などの**疑問詞も名詞節を作る**ことができます※。疑問詞は**疑問代名詞**（who, whom, whose, what, which）と**疑問副詞**（where, when, how, why）の２種類に分けられます。順に見ていきましょう。

まずは疑問代名詞です。

Tell me what Ken spilled on the carpet.

和訳｜ケンがカーペットに何をこぼしたか教えて。

what Ken spilled on the carpet が名詞節で，他動詞 tell の目的語（O）になっています。これは（例えばこぼしたのがコーヒーだとすると）以下のような形を元にしています。

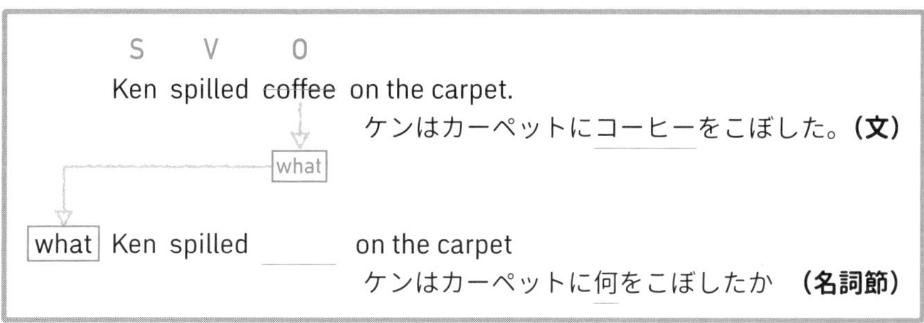
S V O
Ken spilled coffee on the carpet.
ケンはカーペットにコーヒーをこぼした。（文）
what
what Ken spilled on the carpet
ケンはカーペットに何をこぼしたか （名詞節）

他動詞 spilled の目的語（O）となっていた名詞 coffee の部分が「わからない」と考えて，「何」に対応する疑問詞 what に替えて文頭に持ってくることで，〈疑問詞（ここでは what）＋SV〉という形で名詞節を作っています。元は**名詞**であった

※ 疑問詞が導く節のことを「疑問詞節」と呼びます。疑問詞という文法事項に焦点を当てると「疑問詞節」，文中での役割（→品詞）に焦点を当てると「名詞節」になるわけです。疑問詞節は必ず名詞節になりますが，名詞節は必ずしも疑問詞節とは限りません（that 節や whether/if 節などがあります）。

coffee を what にしたので，この what を疑問**代名詞**と呼び，**what は節内で目的語 (O) の役割を果たしている**（または，what の節内で目的語 (O) となる名詞が欠けている）と言うことができます。

「関係詞と作り方が似ているな」と思った人，まさにその通りです。作り方は関係詞（⇒第３章６節）とほぼ同じで，関係詞が導く節は形容詞節になり，疑問詞が導く節は名詞節になると考えるとよいでしょう。

なお，主語 (S) の位置の名詞が疑問詞になった場合は，〈疑問詞＋V〉となります。

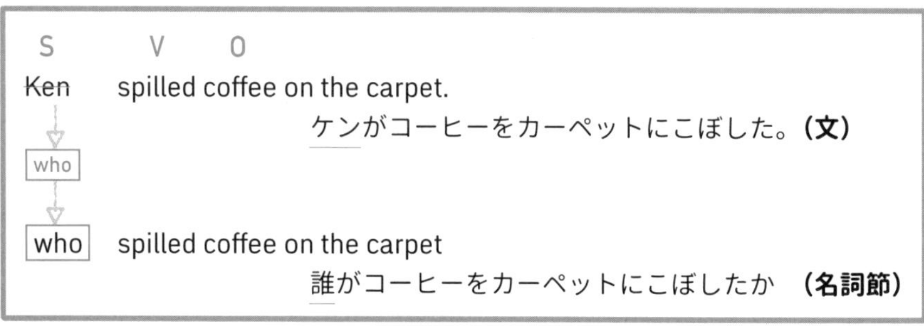
S V O
Ken spilled coffee on the carpet.
ケンがコーヒーをカーペットにこぼした。(文)
who
who spilled coffee on the carpet
誰がコーヒーをカーペットにこぼしたか (名詞節)

これを文の中に組み込むと，例えば以下のようになります。

Tell me [who spilled coffee on the carpet].

和訳｜誰がカーペットにコーヒーをこぼしたか教えて。

また，what や which は**〈what / which＋名詞〉**という形で用いられることも覚えておきましょう。

Tell me [what color you like the best].

和訳｜何の色が一番好きなのか教えて。

〈what＋名詞〉なら「どんな［何の］名詞を…するか」，〈which＋名詞〉なら「どの［どちらの］名詞を…するか」という意味になります※。このように直後の名詞を修飾している（＝形容詞の働きをしている）ことから，この用法の what や which を疑問**形容詞**と呼ぶこともあります。

また，同じように名詞を伴う whose は「所有格」を元にしています。

これを文の中に組み込むと，例えば以下のようになります。

Tell me [whose idea it is].

和訳｜それが誰のアイデアなのか教えて。

続いて疑問副詞（where, when, how, why）が導く名詞節です。疑問**代名詞**が**（代）名詞**から生まれるのと同様に，疑問**副詞**は**副詞**から生まれます。

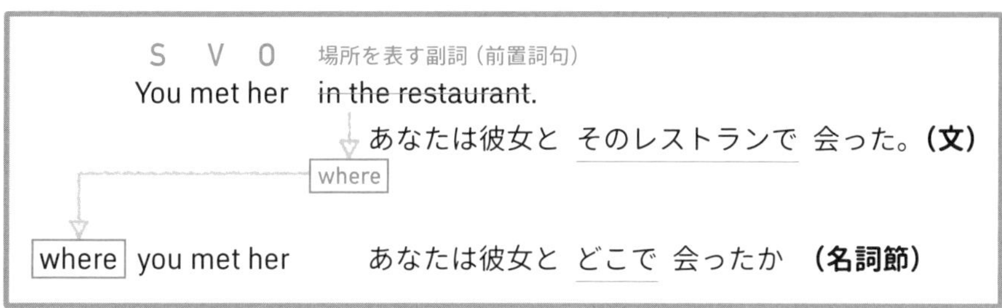

※ what と which の違いは，簡単に言うと「選択肢の有無」で，選択肢が目の前あるいは頭の中にある場合は which，ない場合は what を用います。Tell me what color ... の文の what color を which color に替えると，例えば赤と黄と緑が選択肢として用意されていて，「（その中で）どの色が一番好きか（教えて）」という意味になります。

where you met her 全体では名詞節になりますが，疑問副詞 where はその節内で副詞として働いており，副詞は文の主要素にならない（⇒第１章６節）ため，**疑問代名詞と違って節内で名詞が欠けるということがありません**（you met her だけで文構造が成立しています）。

where you met her という名詞節を文の中に組み込むと，例えば以下のようになります。

Tell me [where you met her].

和訳｜あなたが彼女とどこで会ったか教えて。

最後に，疑問副詞 how に関して注意点を述べます。how は**単独で用いると「どのように，どうやって」という〈手段・方法・様態〉の意味**になりますが，**直後に形容詞・副詞を伴うと「どれほど，どのくらい」という〈程度〉**になります。

Tell me [how you enjoy your job].

和訳｜あなたがどのように仕事を楽しんでいるか教えて。

▶ how が単独で用いられているので，「どのように，どうやって」の意味。

Tell me [how much you enjoy your job].

和訳｜あなたがどのくらい仕事を楽しんでいるか教えて。

▶ how が直後に much という副詞を伴っているので，how は「どれほど，どのくらい」の意味。

これらは正しい解釈に影響を与えるだけでなく，例えば以下のような問題での間違いにつながります。

問　次の日本語に合うように，カッコ内の単語を並べ替えなさい。

その書類をどのくらい丁寧に見直したか教えてください。

Tell me (reviewed / you / the documents / carefully / how).

✕ Tell me how you reviewed the documents carefully. の誤りが多いですが，これは「その書類をどのように注意深く見直したか教えてください」という意味（手段・方法・様態）で，与えられた日本語（「どのくらい」）とズレます。正しくは how carefully you reviewed the documents（程度）です。

(d) 関係代名詞 what

「関係代名詞」は原則として直前の名詞を修飾する形容詞節を作ります（⇒第3章6節）が，**関係代名詞 what は名詞節を作り，「…すること」の意味になります。**

What I want to know is whether I did the right thing then.

What I want to know「私が知りたいこと」が名詞節で文の主語になっています。また，(b) で扱った whether が whether I did the right thing then「私がその時に正しいことをしたかどうか」という名詞節を作り，be 動詞の後で補語（C）になっています。

[What I want to know] is [whether I did the right thing ⟨then⟩].
S→ (O') (S') (V') V C→ (S') (V') (O')

和訳｜私が知りたいことは，私がその時に正しいことをしたかどうかだ。

関係代名詞の what は疑問詞の what（⇒(c)）と役割はほぼ同じで，⟨what＋(S) V⟩で名詞節を作り，その名詞節内で S/O/C のいずれかになります。違いは意味にあり，疑問詞の場合は「何が［を］（･･･するか）」，関係代名詞の場合は「･･･すること［もの］」と訳します。

I asked him [what he was talking about].

和訳｜私は彼が何を話していたのか尋ねた。　※what は疑問詞

I think this is different from [what I ordered].

和訳｜これは私が注文したものと違うと思います。　※what は関係代名詞

ただし，どちらでもよい場合もあるので，あまり神経質になる必要はありません。まずは文構造を正確に捉えてwhat節の働きがわかることを最優先にしましょう。

Tell me [what you told him].

和訳｜あなたが何を彼に話したかを教えて。　※疑問詞
和訳｜あなたが彼に話したことを教えて。　※関係代名詞

▶どちらで解釈してもOK。

(e) 関係副詞の先行詞の省略

関係副詞は形容詞節（⇒第3章6節）を作り，直前の名詞（＝先行詞）を修飾しますが，the time when ... , the place where ... などの一部の形では，**先行詞が省略され，結果的に関係副詞の節が名詞節として機能する**ことがあります。

May 11 was [when we got married].

和訳｜5月11日は私たちが結婚した日だ。

▶May 11 was the day when ... の the day が省略されている。

That's [where we disagree].

和訳｜そこが私たちの意見が一致しないところだ。

▶That's the point where ... の the point が省略されている。

This is [why she is so popular in Japan].

直訳｜そういうわけで，彼女は日本でとても人気なのだ。
意訳｜これが彼女が日本でとても人気な理由だ。

▶This is the reason why ... の the reason が省略されている。

関係副詞の how は先行詞 the way を必ず省略する（すなわち，the way how という形はない）ので，常に名詞節を形成し，「・・・する方法・手段・様子」などの意味になります。

I'll show you [how I solved the problem].

和訳｜私がこの問題を解いた方法を見せてあげよう。

疑問詞の how「どのように…するか」も名詞節を作ります（⇒(c)）から，**how で始まる節は**（what と同様に）**原則として名詞節**だと考えて構いません。また，how は関係副詞と疑問詞のどちらでも解釈できる場合があります。

I'll show you [how I solved the problem].

和訳｜私がこの問題を解いた方法を見せてあげよう。 ※関係副詞
和訳｜私がどのようにこの問題を解いたか見せてあげよう。 ※疑問詞

►どちらで解釈しても OK。

(f) 複合関係代名詞

複合関係代名詞と呼ばれる whatever / whichever / whoever で始まる節は名詞節または副詞節になります。ここでは名詞節になる用法を取り上げます。

He is so friendly. He talks to whoever sits next to him.

whoever sits next to him が名詞節で，whoever が「・・・する人は誰でも」という意味になっています。複合関係代名詞は節内で S/O/C のいずれかの役割を果たし，ここでは動詞 sit の主語になっています。

next to ... [前]「…の隣に」
He is so friendly. He talks to [whoever sits 〈next to him〉].
S V 前 前のO→ (S') V'

和訳｜彼はとってもフレンドリーだよ。隣に座る人には誰にでも話しかけるんだ。

-ever	名詞節	副詞節 →〈譲歩〉 （詳しくは⇒第3章8節（b））
whatever	･･･するのは何でも	何が［を］･･･しても
whichever	･･･するのはどちらでも	どちらが［を］･･･しても
whoever	･･･する人は誰でも	誰が［を］･･･しても

以上（a）～（f）が名詞節を作る働きになる接続表現です。一度まとめましょう。

名詞節を作る接続表現まとめ

(a) that

I believe [that efforts pay off].

努力は実るものだと私は信じている。

(b) whether / if

I don't know [whether he can meet the deadline].

彼が締め切りを守れるかどうかわからない。

(c) 疑問詞

Tell me [who spilled coffee on the carpet].

誰がカーペットにコーヒーをこぼしたか教えて。

(d) 関係代名詞 what

I think this is different from [what I ordered].

これは私が注文したものと違うと思います。

(e) 関係副詞の先行詞の省略

May 11 was [when we got married].

5月11日は私たちが結婚した日だ。

(f) 複合関係代名詞

He talks to [whoever sits next to him].

彼は隣に座る人には誰にでも話しかけるんだ。

節を作る接続表現に対して敏感になることが，英文中でカタマリを掴むうえで重要になります。

演習問題 1

次の英文の名詞句（動名詞，to 不定詞，疑問詞＋to 不定詞が導く名詞句に限る）と名詞節に［　］をつけなさい。

例題

It is important to remember that keeping early hours is good for your health.

解答例

It is important [to remember [that [keeping early hours] is good for your health]].

和訳｜早起きをすることは健康に良いと覚えておくことは重要だ。

►to remember ... health が真主語，that ... health が remember の目的語，keeping early hours が that 節内の主語。

1 He is proud of being a member of the team.

2 We are now talking about who is responsible for the matter.

3 Whether I am married or not is none of your business.

4 The problem is that she believes whatever the man says to her.

5 I think that's where you're wrong.

6 We made it clear that what he had said was totally wrong.

7 It can be hard to tell whether what you experienced was discrimination.

8 It is certain that whether we will succeed or not depends on what assistance we can get.

9 It can be said that how to make use of the library is a key for your academic life at college.

10 I think that what is making me so upset is that what happened to Japan a long time ago is happening to this country right now.

演習問題 2

次の英文を訳しなさい。

『**北風と太陽**』（イソップ物語）｜冒頭部

The North Wind and the Sun had a quarrel about which of them was the stronger.

〈注〉quarrel 口論

演習問題1　解　答

12

be proud of ...「･･･を誇りに思う」

1 He is proud of [being a member of the team].
S V C 前 前のO→

和訳｜彼は［チームの一員であること］に誇りを持っている。

► 動名詞 being が導く being ... team という名詞句が，前置詞 of の目的語になっています。

be responsible for ...「･･･に責任がある」

2 We are now talking about [who is responsible for the matter].
S V 前 前のO→ V’

和訳｜私たちは今，［誰がその問題に責任があるか］について話している。

► 疑問代名詞 who（節内で S’の役割）が導く who ... matter という名詞節が，前置詞 about の目的語になっています。

be married「結婚している（状態）」　none of your business「あなたには無関係だ」

3 [Whether I am married or not] is none of your business.
S→ S’ V’ C’ V C

和訳｜［私が結婚しているかどうか］はあなたには無関係だ。

► 接続詞 whether から名詞節が始まり，I（S’）am（V’）... と続いた後に is がでてきますが，節内（＝カッコの中）に既に動詞 am があるため，この is を節内に入れることは（他に接続詞がない限り）できません。よってカッコを is の前で閉じます。接続詞 whether が導く Whether ... not という名詞節が，文の主語（S）になっています。

the problem is that ...「問題は…ということだ」

4 The problem is ①[that she believes ②[whatever the man says to her]].
S V C→ S' V' O'→ S'' V''

和訳｜問題は，①[彼女は ②[その男が彼女に言うことを何でも] 信じてしまうということ] だ。

►① 接続詞 that が導く that ... her という名詞節が，文の補語（C）になっています。

►② 複合関係代名詞 whatever（節内で O'' の役割）が導く whatever ... her という名詞節が，他動詞 believe の O' になっています。

↓省略　↓省略

5 I think ①[~~that~~ that's ②[~~the point~~ where you're wrong]].
S V O→ S' V' C'→ S'' V'' C''

和訳｜私は ①[そこが ②[あなたの間違っているところ] だ] と思っています。

►① 名詞節を導く接続詞 that が省略されています。that's から（あるいは省略された接続詞 that から）wrong までが名詞節で他動詞 think の目的語（O）になっています。

►② 関係副詞 where の前に先行詞 the point が省略されています。関係副詞 where から（あるいは省略された the point から）wrong までが名詞節で，that 節内の補語（C'）になっています。

6 We made it clear ①[that ②[what he had said] was totally wrong].
S V 形O C 真O→ S'→ S'' V'' V' C'

和訳｜①[②[彼が言ったこと] は完全に間違っているということ] を私たちは明確にした。

►① 接続詞 that が導く that ... wrong という名詞節が，形式目的語 it に対する真目的語（O）になっています。

►② 関係代名詞の what から名詞節が始まりますが，had said（V）と was（V）を両方とも節内に入れることはできません。ここでは what he said で名詞節のカッコを閉じ（what は節内で O'' の役割），これが that 節内の主語（S'）になっています。

7 It can be hard ①[to tell ②[whether ③[what you experienced] was discrimination]].

形S V C 真S→(V) (O)→ S'→ S'' V'' V' C'（差別）

和訳｜①[②[③[自分が経験したこと] が差別だったのかどうか] 判断すること] が困難な場合もある。

►① to 不定詞が導く to tell ... discrimination という名詞句が，形式主語 It に対する真主語（S）になっています。

►② 接続詞 whether が導く whether ... discrimination という名詞節が，他動詞 tell の目的語（O）になっています。

►③ 関係代名詞 what が導く what ... experienced という名詞節（whether 節内の述語動詞 was の直前で節を閉じます。what は節内で O'' の役割）が，whether 節内の主語（S'）になっています。

8 It is certain ①[that ②[whether we will succeed or not] depends on ③[what assistance we can get]].

形S V C 真S→ S'→ S'' V'' V' 前 前のO'→（援助） S'' V''

和訳｜①[②[成功するか否か] は ③[どんな援助を私たちが得られるか] にかかっているということ] は確かだ。

►① 接続詞 that が導く that ... get という名詞節が，形式主語 it に対する真主語（S）になっています。

►② 接続詞 whether が導く whether ... not という名詞節（that 節内の述語動詞 depends の直前で節を閉じます）が，that 節内の主語（S'）になっています。

►③ 疑問詞 what が導く what ... get という名詞節が，前置詞 on の目的語（O'）になっています。また，疑問詞 what が直後に名詞 assistance を伴って「どんな援助を…するか」という意味になり，what assistance が節内では O'' の役割を果たしています。

make use of ...「…を利用する」

9 It can be said ①[that ②[how to make use of the library]
形S V 真S→ S'→

is a key for your academic life at college].
V' C'

和訳｜①[②[図書館をどのように使うか］は大学での学究生活のカギになる］と言うことができる。

►① 接続詞 that が導く that ... college という名詞節が，形式主語 it に対する真主語（S）になっています。

►② 疑問詞＋to 不定詞の導く how ... library という名詞句（that 節内の述語動詞 is の直前で節を閉じます）が，that 節内の主語（S'）になっています。

動揺した

10 I think ①[that ②[what is making me so upset] is ③[that
S V O→ S'→ V'' O'' C'' V' C'→

④[what happened to Japan a long time ago]
S''→ V'''

is happening to this country right now]].
V''

和訳｜①[②[私をこんなにも動揺させていること］は，③[④[遠い昔に日本に起こったこと］が今まさにこの国で起こっているということ］だ］と私は思った。

▶① 接続詞 that が導く that ... now という名詞節が，他動詞 think の目的語（O）になっています。

▶② 関係代名詞の what が導く what ... upset という名詞節が，①の that 節内の主語（S'）になっています（is making（V''）me（O''）so upset（C''）までで文型が確定し，その直後の動詞 is は文型に含めることができませんから，その is の直前で節を閉じます）。what は節内で主語（S''）の役割を果たしています。

▶③ 接続詞 that が導く that ... now という名詞節が，①の that 節内の補語（C'）になっています。

▶④ 関係代名詞 what が導く what ... ago という名詞節が，③の that 節内の主語（S''）になっています（happened（V'''）〈to Japan〉〈a long time ago〉で文型が確定し，その直後の動詞 is happening は文型に含めることができませんから，その is happening の直前で節を閉じます）。what は節内で主語（S'''）の役割を果たしています。

演習問題 2　解　答

13

The North Wind and the Sun had a quarrel about
S　V　O　前
[which (of them) was the stronger].
前のO

和訳｜北風と太陽は，彼らのうちどちらがより強いかについて，口論をしていました。

▶疑問代名詞 which が導く which of them was the stronger という名詞節が，前置詞 about の目的語（O）になっています。疑問代名詞 which 単独だと「どちら［どれ］が…するか」という意味になりますが，ここでは of them「彼ら（＝北風と太陽）のうちで」がついて「彼らのうちでどちらが…するか」という意味になっています。

▶この which を関係代名詞だと思って about which が〈前置詞＋関係代名詞〉とみなすのは間違いです。〈前置詞＋関係代名詞〉の節内は名詞の欠けがない文

(＝完全文)になるはず(⇒第３章６節)ですが，今回は述語動詞 was に対する主語となる名詞がありません。

単語の覚え方①　「カタカナ語」を利用する

日本語の中にはカタカナ語の形で英語が多く紛れ込んでいますから，うまく利用できれば単語学習はグッと楽になります。例えば，free には「自由な」という意味があるだけではなく，free from danger「危険がない」のように「…がない」という意味で用いることもできます。これはシュガーフリー(sugar-free，無糖の)やファットフリー(fat-free，脂肪分ゼロの)のような，普段目にする語の中にも含まれています。また，髪型などで「アシンメトリー」といえば「左右非対称な髪型」を表しますが，これで英語の asymmetry「(左右)非対称」，また反意語の symmetry「(左右)対称」も覚えられます。**新たな英単語を覚える際には，自分が日常的に使っているカタカナ語と結びつけられないか，少し考えてみるとよい**でしょう。

8 副詞節

副詞節は「副詞の働きをする，SV を含む２語以上のカタマリ」です。副詞節は**〈接続表現＋SV〉**という形で副詞の働きをします。この接続表現には，副詞節を導く接続詞，複合関係代名詞，複合関係副詞があります。

(a) 接続詞

〈副詞節を導く接続詞＋SV〉という形で副詞節を作ります※。こうした接続詞には次のようなものがあります。

主な意味	接続詞の例
時	when「…する時」，while「…する間に」，before「…する前に」，after「…した後に」，until［till］「…までずっと（継続）」，by the time「…するまでには（期限）」，as soon as「…するとすぐに」，as「…する時；…するにつれて」，once「一度…すると」
条件	if「もし…ならば」，unless「…しない限り」，as long as「…する限り（条件）」，as far as「…する限り（範囲）」，in case「…する場合に備えて」，suppose［supposing］「…ならば」，provided［providing］「…という条件で」
理由	because「…なので」，since「…なので」，as「…なので」
譲歩	though［although］「…だけれども」，even though「…だけれども」，while「…だけれども」，even if「（たとえ仮に）…であっても」，whether A or B「A であっても B であっても」
対比	while「…する一方で」，whereas「…する一方で」
目的	so that「…するために」

※　なお，「名詞節を導く接続詞」には that や if / whether などがあります（⇒第３章７節）。

例文を見てみましょう。

I will be happy if he passes the exam.

if が副詞節を導く接続詞で，if he passes the exam が副詞節になります。I will be happy のほうがメインとなる主節で，if he passes the exam は主節（の動詞）を修飾しています。

I will be happy 〈if he passes the exam〉.
S V C S' V' O'

和訳｜もし彼が試験に合格したら私は嬉しい。

なお，**時・条件を表す副詞節の中では未来のことも現在形で表す**というルールがあるため，上記の文の if 節内では pass が（試験に受かるかどうかは未来の話であるにもかかわらず）現在形になっています。

では，次の文はどうでしょうか。

I don't know if he will pass the exam.

先程の文と同じ…と思いきや，I（S）don't know（V）ときて，know は他動詞ですから目的語となる名詞が必要です。よって，この if の節は副詞節ではなく名詞節で目的語（O）となります。名詞節の if ですから「…かどうか」という意味（⇒第３章７節（b））です。

I don't know [if he will pass the exam].
S V O→S' V' O'

和訳｜彼が試験に合格するかどうか私にはわからない。

ここでは if の節が副詞節ではなく名詞節ですから，先ほどの「時・条件を表す**副詞節**の中では未来のことも現在形で表す」というルールは適用されず，未来のことは当然ながら未来を表す形（この場合は will＋動詞の原形）で表します。

少しレベルを上げて，以下の形はどうでしょうか。訳してみてください。

> If you have time now, before you leave, you should charge your mobile phone in case you need to contact someone when you run into a problem.
>
> 〈注〉contact 動 …と連絡をとる ｜ run into ... 動 …に直面する

それぞれ if, before, in case, when が副詞節を導く接続詞で，次のように〈副詞節を導く接続詞＋SV〉という形で副詞節を形成しています。

> 〈If you have time now〉, 〈before you leave〉,
> (you: S', have: V', time: O' / you: S', leave: V')
>
> you should charge your mobile phone
> (you: S, should charge: V, your mobile phone: O)
>
> 〈in case you need to contact someone 〈when you run into a problem〉〉.
> (you: S', need to contact: V', someone: O' / you: S'', run: V'')

和訳｜〈もし今時間があるなら〉，〈〈問題に直面した時に〉誰かに連絡をとる必要がある場合に備えて〉，〈出発する前に〉携帯を充電しておくべきだよ。

▶最初の If の節内において，you (S') have (V') time (O') 〈now〉までで文が完成し，その後にカンマを挟んで副詞節 before you leave が新たに始まるので，If から now までが副詞節になるとわかります。この副詞節は主節の you should charge ... を修飾しています。接続詞 before を飛び越えて，before の節内の you leave を修飾することはできません。

▶副詞節 before you leave は you should charge ... を修飾しています。文法的には〈If you have time now, 〈before you leave〉〉, ...（カッコのつけ方に注目！）という形で you have time now を修飾すると見なすことも可能ですが，「出発する前に今時間があるなら」というように，「今」と「出発する前に」という〈時〉

を表す表現が重複しているのが不自然です。このように，**副詞節がどこを修飾するか（主節がどれか）は文脈で判断する必要がある場合も多くあります。**

►副詞節 in case you need to contact someone も you should charge ... を修飾しています。当然ながら，後の接続詞 when を飛び越えて，when の節内の you run ... を修飾することはできません。

►副詞節 when you run into a problem は you need to contact someone を修飾しています。in case からのカッコを someone で閉じて，when の節も再び you should charge ... を修飾することは文法的には可能ですが，こちらも意味の面から不可だと判断できます。

以上をまとめると以下のようになります。

（1）文脈判断が不要な場合

〈副詞節１〉＋主節＋〈副詞節２〉

（上記の文の〈before you leave ...〉, you should charge ..., 〈in case you need ...〉の部分）

►〈副詞節１〉と〈副詞節２〉はともに主節を修飾する。

（2）文脈判断が必要な場合

(2-a)〈副詞節１〉＋〈副詞節２〉＋主節

（上記の文の〈If you have ...〉, 〈before you leave〉, you should charge ... の部分）

►解釈１:〈副詞節２〉は〈副詞節１〉を修飾し，〈副詞節１〉は主節を修飾する。

►解釈２:〈副詞節１〉〈副詞節２〉ともに主節を修飾する（本問はこちら）。

(2-b) 主節＋〈副詞節１〉＋〈副詞節２〉

（上記の文の you should charge ..., 〈in case you need ...〈when you run ...〉〉の部分）

►解釈１:〈副詞節２〉は〈副詞節１〉を修飾し，〈副詞節１〉は主節を修飾する（本問はこちら）。

►解釈２:〈副詞節１〉〈副詞節２〉ともに主節を修飾する。

(b) 複合関係代名詞

複合関係代名詞（whatever / whichever / whoever）は，名詞節または副詞節を導きます。**副詞節になる場合には，必ず〈譲歩〉の意味**になります。

-ever	**名詞節** （⇒第３章７節（f））	**副詞節 →〈譲歩〉**
whatever	…するのは何でも	何が［を］…しても
whichever	…するのはどちらでも	どちらが［を］…しても
whoever	…する人は誰でも	誰が［を］…しても

〈Whatever you say〉, he won't believe you.
(O')　S'　V'　S　V　O

和訳｜あなたが何を言おうと，彼はあなたの言うことを信じないでしょう。

whatever は節内で say の目的語（O'）になっており，Whatever you say 全体では副詞節になっています。名詞節になる用法の場合は，文中で S/O/C になります。

He won't believe [whatever you say].
S　V　O→　S'　V'

和訳｜彼は君の言うことは何でも信じないだろう。

『**浦島太郎**』｜玉手箱を渡される場面

"Tell me what is this box?"

"That," answered the princess "is the tamate-bako, and it contains (…を含む) something very precious (貴重な). You must not open this box, whatever happens!" And Urashima promised that he would never, never open the box whatever happened.

和訳｜「この箱は何なのか，教えてください」
乙姫様が答えました。「それは玉手箱です。とても貴重なものが入っています。
この箱を開けてはいけません。何が起こってもですよ！」
そして浦島は何が起ころうとも決して，決して箱を開けないと約束しました。

上記では 2 回登場する whatever happens [happend]「何が起ころうとも」が〈譲歩〉の副詞節です。なお，文語的な表現だと whatever may happen という形でもよく用いられます。

この〈譲歩〉の用法の時には，no matter what [which, who] で書き換えることができます。

〈**No matter what** you say〉, he won't believe you.
You must not open this box, 〈**no matter what** happens〉!

(c) 複合関係副詞

whenever や wherever などの複合関係副詞は，複合関係代名詞と違って必ず副詞節になります。それぞれ下記のいずれの意味になるかは原則として文脈判断になりますが，どちらに解釈してもよい場合も多いので，神経質になる必要はありません。

-ever	副詞節	副詞節〈譲歩〉
whenever	･･･するときはいつでも	いつ･･･しても
wherever	･･･するところはどこでも	どこで･･･しても

〈Whenever I look into my son's room〉, he's always watching YouTube.

和訳｜息子の部屋をのぞくといつも，彼はユーチューブを見てばかりいる。
和訳｜いつ息子の部屋をのぞいても，彼はユーチューブを見てばかりいる。

同じく複合関係副詞である however は，単独で用いられて「どのように…しても」という意味になることもありますが，直後に形容詞や副詞を伴って「どれほど･･･しても」という程度を表す〈譲歩〉表現になることが多いです。

〈However much I scold him〉, he won't stop watching YouTube.

和訳｜どれほど彼を叱っても，彼はユーチューブを見るのを止めようとしない。

▶ however が much という副詞を伴っています。

whenever [wherever, however] は，〈譲歩〉の用法の時に no matter when [where, how] で書き換えることができます。

No matter when I look into my son's room, he's always watching YouTube.
No matter how much I scold him, he won't stop watching YouTube.

単語の覚え方②　**単語の分解**

単語を分解してみると，意味が覚えやすくなることがあります。例えば symmetry「(左右) 対称」という語は sym と metry から成り立っています。

sym [syn] は「同じ」「類似」を表す接頭辞で，synchronize「シンクロさせる＝何かを同時に行う」(←シンクロナイズドスイミング synchonized swimming など) や synonym「類義語」などと同じ部分です。metry は「測る」を表し，measure「…を計測する」，meter「メートル」(←長さを測る際の基本単位) などが関連します。よって，symmetry は「同じ」＋「測る」から，「(左右) 対称」の意味が生まれるのです。こういった知識が増えていくと**単語のネットワーク**ができてくるので，単語を覚えるのがどんどん楽になっていきます。

こういった知識はどこで得ることができるでしょうか。一部の学習用英和辞典にこのような語源情報が記載されている他，市販されている単語帳の中にも，語源情報を詳しく載せているものも増えてきましたから，それを使うのも一つの手でしょう。興味を持ったものはどんどん調べてみましょう。

9 節の識別

接続詞 if が名詞節と副詞節を導く例を見ましたが（⇒第３章７節（b），第３章８節（a）），同様に，複数の異なる節を導く語があります。代表的なのは when と where です。これらの識別を通して，**品詞および節に関する意識を高めていきましょう。**

(a) when

when には３種類あります。

when	when が導く節	節の働き	when の訳
関係副詞	形容詞節	名詞（先行詞）を後置修飾する	訳さない
疑問詞	名詞節	文中で S/O/C になる	「いつ…するか」
接続詞	副詞節	主節（の動詞）を修飾する	「…する時」

(b) where

where も when と同様に３種類あります。品詞と働きは共通なので，when とセットで捉えるとよいでしょう。特に接続詞の where はその存在を知らない人も多いので，しっかり覚えてください。

where	whereが導く節	節の働き	whereの訳
関係副詞	形容詞節	名詞（先行詞）を後置修飾する	訳さない
疑問詞	名詞節	文中で S/O/C になる	「どこで…するか」
接続詞	副詞節	主節（の動詞）を修飾する	「…する所に［で，へ］」

演習問題1

以下の❶～❸の下線部は形容詞節，名詞節，副詞節のどれでしょうか（なお，someone と we love の間には関係代名詞が省略されています）。

❶ We never forget the pain we feel when we have to say goodbye to someone we love.

❷ The time will surely come when we have to say goodbye to someone we love.

〈注〉surely 副 確実に

❸ We never know when we have to say goodbye to someone we love.

演習問題2

以下の❶～❸の下線部は，形容詞節，名詞節，副詞節のどれでしょうか。

❶ Can you tell me where you are going to live?

❷ My favorite restaurant is in the town where you are going to live.

❸ I once lived where you are going to live.

〈注〉once 副 かつて

演習問題１　解　答　🔊14

1 副詞節

We never forget the pain
S V O
(we feel 〈 when we have to say goodbye to someone (we love)〉).
S' V' S'' V'' O''

和訳｜愛する人にお別れを言わなければならない時に私たちが感じる痛みを，私たちは決して忘れることはない。

► **when が副詞節を導く接続詞「…する時」で，when ... love を副詞節だと考えて we feel を修飾する**と見なせば，「〈愛する人にお別れを言わなければならない時に〉私たちが感じる（痛み）」となり，意味が通ります。

► when 節は他動詞 feel の後にありますが，名詞節にはなりません。名詞節「いつ…するか」だと考えると意味がおかしいことに加え，the pain we feel が〈名詞＋SV〉の形になっており，we feel の直前に関係代名詞が省略されている（⇒第３章６節）ため，when 節を feel の目的語と考えると関係代名詞の節内に名詞の欠けがなくなってしまうからです。

► また，関係副詞の when の節が修飾できる〈時を表す名詞〉もありませんから，関係副詞でもありません。

2 形容詞節

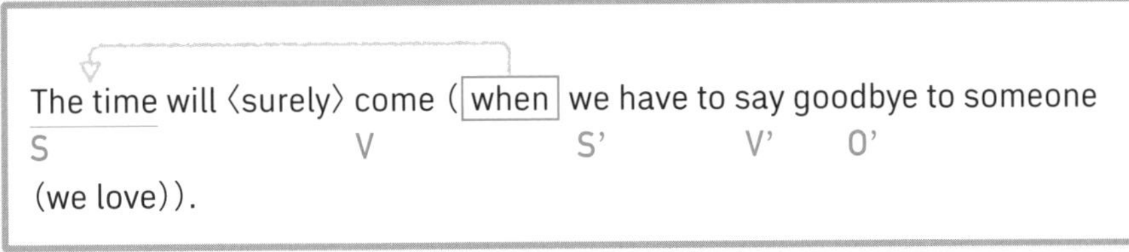
The time will 〈surely〉 come (when we have to say goodbye to someone
S V S' V' O'
(we love)).

和訳｜愛する人にお別れを言わなければならない時は，確実にやってくる。

► **when が関係副詞で when ... love が形容詞節になり，離れた名詞 The time を修飾する**と考えれば，「愛する人にお別れを言わなければならない時は，確実にやってくる」となり，意味が通ります。The time will come when SV.「SVする時がやってくる」は定型表現です。このように**関係詞節に対して先行詞が離れることもある**ということは知っておいてください。

► The time (S) will 〈surely〉 come (V) という文型が完成した後に置かれているので when の節が副詞節に見えるかもしれませんが，「〈愛する人にお別れを言わなければならない時に〉その時は確実にやってくる」では，「その時」というのは何なのか，よくわかりません。

► もちろん，自動詞 come の後では O になれませんから，名詞節でもありません。

3 名詞節

We 〈never〉 know [when we have to say goodbye to someone (we love)].
S V O→ S' V' O'

和訳｜いつ愛する人にお別れを言わなければならないか，私たちは決してわからない。

► **know が他動詞ですから，目的語（O）となる名詞が必要**です。よって **when は疑問詞「いつ…するか」で，when ... love が名詞節**になります。

► when 節を形容詞節または副詞節だと考えてしまうと，know の O がなく，文の構造が成立しません。

演習問題2　解　答

15

1 名詞節

Can you tell me [where you are going to live]?
S V O_1 O_2→ S' V'

和訳｜あなたがどこに住もうとしているのか教えて。

► Can you (S) tell (V) me (O) で止まってしまうと「何を教えるのか」の情報がありません。**tell は第4文型（SVO_1O_2）をとるので，where の節を名詞節で O_2**

と見なせば，「あなたがどこに住もうとしているのか教えて」となり，意味が通ります。

►where 節を形容詞節または副詞節だと考えてしまうと，tell の O_2 がなく，文の構造が成立しません。

2 形容詞節

存在を表す be 動詞

My favorite restaurant is 〈in the town (where you are going to live)〉.
S V S' V'

和訳｜私のお気に入りのレストランは，あなたが住もうとしている街にある。

►直前に the town という場所を表す名詞があることが大きなヒントになります。**where が関係副詞，where ... live が形容詞節で直前の先行詞 town を修飾する**と考えると，「私のお気に入りのレストランは，あなたが住もうとしている街にある」となり，意味が通ります。

►文中で S/O/C になっていませんから，名詞節を作る疑問詞 where ではありません。

►副詞節を作る接続詞 where だと考えると，「〈あなたが住もうとしている所に〉その街に私のお気に入りのレストランがある」となり，「あなたが住もうとしている所」と「その街」が意味として重複するような形になってしまいますので，上記のように where を関係副詞とする解釈のほうがベターです。

3 副詞節

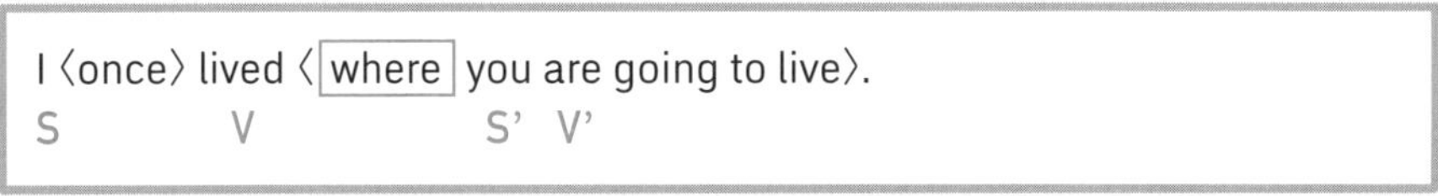
I 〈once〉 lived 〈 where you are going to live〉.
S V S' V'

和訳｜あなたが住もうとしている所に，私はかつて住んでいた。

►I once lived.「私はかつて住んでいた」だけだと，「どこに住んでいたのか」という場所を表す情報（場所を表す副詞）が必要になります。そこで，**where が副詞**

節を導く接続詞「…する所に[で，へ]」で，where you are going to live を場所を表す副詞節だとすれば，「あなたが住もうとしている所に，私はかつて住んでいた」となり，意味が通ります。

▶文中で S/O/C になっていませんから，名詞節を導く疑問詞 where ではありません。

▶直前に先行詞となる名詞がありませんから，where が関係副詞で where ... live を形容詞節だと考えることはできません。

単語の覚え方③　「触れる回数」と「テスト」

単語の覚え方①と②（⇒ p.117，p.124）で「既知の情報から意味が推測できるもの」を紹介しましたが，残念ながら全ての単語で使えるわけではなく，いわば機械的な「丸暗記」が必要になる場面も現実的にはあるでしょう。その際に重要なのは**「触れる回数を増やす」**と**「テストをする」**です。

「触れる回数を増やす」は常に意識してください。やはり**「何度も触れること」は定着させるうえで決定的に重要**です。同じ単語に5回10回触れても覚えられない……と悩むのはナンセンスです。そこで諦めてしまうからきちんと覚えられないのであり，何度も触れられるように工夫することが，一番の近道なのです。例えば一度に30分の単語学習をするよりも，10分を3回，朝昼晩に分けて同じ単語に触れたほうが，定着度は高くなるかもしれません。人によってベストなタイミングや回数は異なりますから，色々と試して自分なりの「ベスト」を見つけてください。

「テストをする」も常に行ってほしいことです。ただ漫然と単語帳を眺めていても，頭はあまり働いていませんから，大きな効果は期待できません。単語帳の赤シートを使って「思い出そうとする」→「赤シートを外して答え合わせ」→「あー，そういう意味だった！」というサイクルを繰り返しましょう。

第4章

文構造を正確に掴む

1 基礎知識の応用

2 総合演習

1 基礎知識の応用

ここまで真摯に学習してきた皆さんは，個々の単語の役割を理解し（⇒第１章），英語の文の典型的な形を学び（⇒第２章），カタマリの捉え方がわかる（⇒第３章）ようになりました。地道で面倒な学習だったかもしれません。しかし，こうした能力は，文構造を正確に掴んで読解をしていくうえで極めて大きな役割を果たしています。

実際の入試問題を通して見てみましょう。次の問題は東京大学で2019年度に出題された和訳問題の一部です。

> 以下の英文を読み，下線部を和訳せよ。なお，文章中の Fred は，著者の両親が飼っている大型のリクガメの名前である。
>
> Last July, I went to Honolulu to meet Fred and to spend the summer with my parents. My parents and I have a warm relationship, even though, or perhaps because, I don't speak to or visit them frequently; until my most recent trip there, the previous July, I hadn't seen them in six years. I live in New York, and they live in Hawaii, and <u>while it is true that traveling to the islands requires a certain commitment of time, the real reason I stayed away is that there were other places I wanted to visit.</u> （以下略）
>
> （東京大）

解　説

下線部までの大意と構造は以下の通りです。

〈Last July〉, I went to Honolulu 〈to meet Fred〉
and
〈to spend the summer 〈with my parents〉〉.

和訳｜この前の7月，私はフレッドに会うために，そして両親と夏を過ごすために，ホノルルへ行った。

My parents and I have a warm relationship,
〈even though, or 〈perhaps〉 because, I don't speak to or visit them (=my parents) 〈frequently (頻繁に)〉〉;

和訳｜私は両親と頻繁に話したり，両親の元を頻繁に訪れたりしないけれども，あるいはひょっとするとそのおかげかもしれないが，両親と私は良好な関係を築いている。

〈until my most recent trip 〈there〉, the previous July〉,
I hadn't seen them (=my parents) 〈in six years〉.

和訳｜一番最近，その前の7月にそこを訪れるまで，私は6年間彼らに会っていなかった。

I live in New York, and they live in Hawaii, and (...)

和訳｜私はニューヨークに，彼らはハワイに住んでおり，そして（…）

下線部

while it is true that traveling to the islands requires a certain commitment of time, the real reason I stayed away is that there were other places I wanted to visit

▶文頭にある **while は副詞節をつくる接続詞**（⇒第３章８節（a））ですから，while it is ... が副詞節になります。ここでは（後に it is true that ... という〈譲歩〉でよく用いられる形が続くことから）「…だけれども」という〈譲歩〉の意味になります。

〈while it is ...

▶it is true that ... は it が形式主語，that 節が真主語（that は名詞節を導く接続詞⇒第３章７節（a））で，「…ということは本当だ」という意味になります。これ自体よくある形ですが，仮にわからなくても，it の指示対象が先行する文脈上になく，後ろに that 節が控えていることから，形式主語 it の形だと見破ることができます。

〈while it is true [that ...
形S V C 真S →

和訳｜…は本当だけれども

▶that の後には that 節内の SV がきます。S（主語）が出てくるはずであり，最初に traveling という -ing 形があることを考えると，これが**動名詞で主語になる形**（⇒第３章３節（a））ではないかと予測できます。実際，traveling to the islands という名詞句を主語と見ると，その後に requires という V が出てきます。

▶なお，文頭に出てくる -ing は分詞構文（⇒第３章４節（b））の可能性もありますが，その場合は〈-ing ..., SV〉のように，-ing ... のカタマリの後に SV が出てくるはずなので，今回は間違いだとわかります。

〈while it is true [that [traveling 〈to the islands〉] requires ...
形S V C 真S→ S' V'

和訳｜その島へ行くことは…を必要とするのは本当だけれども

►他動詞 require の後に名詞である a certain commitment of time が出てくるので，これが目的語（⇒第２章３節）です。直訳すると「その島へ行くことはある程度の時間を使うことを必要とする」となりますが，「その島へ行くにはある程度の時間を使う必要がある」と意訳できます。**ここまでくるとカンマ(,)があり，その後に新たに SV らしきものが見えるので，ここで while からの副詞節を閉じます。**

〈while it is true [that [traveling 〈to the islands〉] requires
形S V C 真S→ S' V'

a certain commitment（時間を）使うこと (of time)]〉
O'

和訳｜その島へ行くにはある程度の時間を使う必要があるのは本当だけれども

►主節の SV が始まります。the real reason が S なのはよいとして，続いて V が出てくると思いきや，the real reason の直後に I stayed away という SV が出てきます。ここは **reason の直後の関係副詞 why が省略されている**と考えれば，上手く構造をとることができます。

↓why の省略
〈while ...〉, the real reason (I stayed away) is ...
S S' V' V

和訳｜(…だけれども,) 私の足が遠のいていた本当の理由は，…

►is の後は補語 (C) がくると予測できるので，直後の that は**補語になる名詞節の that 節**（⇒第３章７節 (a)）だとわかります。that 節の中で再び SV が出てきます。**there is ... 「…がある」という〈存在〉を表す構文**が使われています（⇒第２章２節）。

〈while ...〉, the real reason (I stayed away) is [that there were other places ...]
S　S' V'　V　C→ M'　V'　S'

和訳｜(…だけれども,) 私が足が遠のいた本当の理由は，…他の場所があったということだ

►最後にまたI wanted to visitというSVらしきものが出てきますが，直前がother placesという名詞で**〈名詞+SV〉という形**になっているので，other places (which) I wanted to visitのような**関係代名詞の省略の形**(⇒第3章6節)だとわかります。visitは他動詞なのに目的語が欠けていることから，この解釈を確定させることができます。

〈while ...〉, the real reason (I stayed away) is [that there were
S　S' V'　V　C→ M'　V'
↓関係代名詞の省略
other places (I wanted to visit)]
S'

和訳｜(…だけれども,) 私の足が遠のいていた本当の理由は，私が訪れたい他の場所があったということだ

►以上を(少しだけ日本語を整えて)まとめると，このような満点解答ができあがります。

解答｜その島へ行くにはある程度の時間を使う必要があるのは確かだが，私の足が遠のいていた本当の理由は，私が他に訪れたい場所があったということである

(※解答・解説は本書のために著者が書き下ろしたもので，東京大学が公表したものではありません。)

もちろん，ある程度の語彙力や文脈を読む力も必要になりますが，**以上の正確な解釈の大部分は，第1章から第3章でやった知識を基にしている**ことがわかってもらえたでしょうか。難関大の入試といえども，「基礎」がしっかりできているかどうかが大きな分かれ目になるのです。

総合演習

さあ，あとは練習です。**習ったことをできるようにするためには，練習をたくさん積むことが必要になります。**適宜，第１章～第３章を参照しつつ，以下の問題をじっくり丁寧に解いてきましょう。

次の英文を訳しなさい。下線部がある場合は下線部だけでよい。

1

『桃太郎』｜川の上流から桃が流れてきた場面　**難易度**｜★☆☆

Strangely, as soon as she began to repeat this song the peach began to come nearer to the bank where the old woman was standing.

〈注〉strangely 副 奇妙なことに ｜ come nearer「近づく」(come near) の near が比較級になったもの ｜ bank 名 (川の) 岸，川のほとり

2

『桃太郎』｜桃から男の子が飛び出てきた場面　**難易度**｜★☆☆

The old man and his wife were so astonished at what they saw that they fell to the ground.

〈注〉astonished 形 非常に驚いた ｜ fall to the ground 動 地面に倒れる

3

『桃太郎』｜「鬼を退治に行く」と言った桃太郎に対して　**難易度**｜★☆☆

The old man was much surprised at hearing this from a boy of fifteen. He thought it best to let the boy go.

4

『かぐや姫』｜かぐや姫のもとへ押し寄せる男達に対する，おじいさんの返答

※he/him はおじいさん，her はかぐや姫のこと。 **難易度**｜★☆☆

He answered that since he was not her real father, he could not insist on her obeying him against her wishes.

〈注〉insist on -ing …することを強く要求する

5

『シンデレラ』｜王子が持ってきたガラスの靴がシンデレラの足にピッタリだった，という場面 **難易度**｜★☆☆

While everyone stared in astonishment, Cinderella drew from her pocket the other slipper and put it on.

〈注〉stare 動 見つめる ｜ in astonishment 驚いて ｜ slipper 名（室内で履く舞踏用の）靴

6

『かぐや姫』｜かぐや姫に結婚してほしいと懇願するおじいさん **難易度**｜★★☆

He told her how anxious he was to see her safely and happily married before he died.

〈注〉married 形 結婚している

7

『猿と猫』（イソップ物語）｜冒頭部 **難易度**｜★★☆

Once upon a time a cat and a monkey lived as pets in the same house. They were great friends and were constantly wrapped up in all sorts of mischief together. What they seemed to think of more than anything else was to get something to eat, and it did not matter much to them how they got it.

〈注〉once upon a time 副 昔々（物語の始まりによく用いられる） ｜ constantly 副 いつも ｜ be wrapped up in ... 動 …に夢中になる ｜ all sorts of ... あらゆる種類の… ｜ mischief 名 いたずら ｜ seem to *do* 動 …するように思われる，…のようだ ｜ matter 動（S が）重要だ，問題だ

8

『シンデレラ』｜いなくなったシンデレラを王子が追う場面　**難易度**｜★★☆

When the prince came out onto the palace steps, he could see no sign of the lovely princess. The guards at the gate told him that nobody had passed there at all, except a little ragged kitchen maid; and the prince had to go back to the ball with only a little glass slipper to remind him of the beautiful lady with whom he was so desperately in love.

〈注〉guard 名 衛兵 ｜ except 前 …を除いて ｜ little 形 小柄な ｜ ragged 形 ぼろぼろの服を着た ｜ kitchen maid 名 女中（よその家に雇われて台所の仕事や雑用を行う女性） ｜ ball 名 舞踏会 ｜ slipper 名（室内で履く舞踏用の）靴 ｜ desperately 副 ひどく，必死に

9

『眠れる森の美女』｜冒頭部　**難易度**｜★★☆

Once upon a time there was a king and queen who for a very long time had no children, and when a little daughter was finally born, they were so pleased that they invited a number of fairies to a christening feast. But, unfortunately, they left out one old fairy, and she was so angry that she said the princess should die when she reached the age of sixteen, by pricking her hand with a spindle.

〈注〉fairy 名 妖精 ｜ a number of ... 多くの…；いくらかの…（ここでは前者） ｜ christening feast 名 洗礼の宴 ｜ unfortunately 副 残念ながら，あいにく ｜ leave out 動 …を省く ｜ should 助 …することになるだろう（助動詞 shall の時制の一致） ｜ prick 動（針で）…を刺す ｜ spindle 名 糸車の針

10

『犬と骨』（イソップ物語）　**難易度**｜★★☆

THE DOG AND HIS REFLECTION

① A dog, to whom the butcher had thrown a bone, was hurrying home with his prize as fast as he could go. As he crossed a narrow footbridge, he happened to look down and saw himself reflected in the quiet water as if in a mirror. But ② the greedy dog thought he saw a real dog carrying a bone much bigger than his own.

If he had stopped to think he would have known better. But ③ instead of thinking, he dropped his bone and sprang at the dog in the river, only to find himself desperately swimming to reach the shore. At last he managed to come out of the river, and ④ as he sadly stood thinking about the good bone he had lost, he realized how stupid he had been.

It is very foolish to be greedy.

〈注〉butcher 名 肉屋 ｜ bone 名 骨 ｜ prize 名 ご褒美 ｜ footbridge 名（歩行者専用の）橋 ｜ happen to *do* 動 たまたま…する ｜ greedy 形 欲深い ｜ know better 愚かではない（←よりよく知っている）｜ instead of ... 前 …の代わりに ｜ spring at ... 動 …に飛びかかる ｜ manage to *do* 動 何とかして…する

11

『**かぐや姫**』｜求婚してきた男達のうち誰かと結婚するようかぐや姫に懇願するおじいさんに対して，かぐや姫が返答する場面　**難易度**｜★★☆

※最初の them は結婚を申し込んできた５人の男を指す。the princess はかぐや姫のこと。

The princess answered that even if she consented to marry any one of them his heart might change afterwards because he did not know her as she had been before.

〈注〉consent to *do* 動 …することに同意する ｜ marry 動 …と結婚する ｜ afterwards 副 その後で

12

『**舌切り雀**』｜可愛がっていた雀がいなくなったことに気づいたおじいさんがおばあさんを問い詰める場面　**難易度**｜★★★

※最初の her はおばあさんを指す。

When the old man gave her no peace, asking her again and again, and insisting that she must know what had happened to his pet, she confessed everything. She told him crossly that the sparrow had eaten the rice paste she had specially made for starching her clothes, and that when the sparrow had admitted to what it had done, in great anger she had taken her scissors and cut out its tongue, and that finally she had driven the bird away and forbidden it to return to the house again.

〈注〉give〈人〉no peace〈人〉をうるさくせきたてる | insist 動 …だと強く主張する | confess 動 …を白状する | crossly 副 不機嫌そうに | sparrow 名 雀 | rice paste 名 姫糊（米を煮て作った糊）| starch 動 …に洗濯のりをつける | admit to … 動 …を（事実だと）認める | tongue 名 舌 | forbid O to *do* O が…するのを禁止する

13

『**かぐや姫**』| かぐや姫を連れ戻しに来た月の使者から，おじいさんがかぐや姫を守ろうとする場面

難易度 | ★★★

The princess told the old man that all these measures to keep her would be useless, and that when her people came for her nothing could prevent them from carrying out their purpose. Then she added with tears that she was very, very sorry to leave the old man and his wife, whom she had learned to love as her parents, and that if she could do as she liked she would stay with them in their old age and try to pay them back for all the love and kindness they had given her during her earthly life.

〈注〉measure 名 対策 | come for … 動 …を迎えに来る | purpose 名 目的 | tear 名 涙 | learn to *do* 動 …するようになる | in one's old age 歳をとって，老齢で | pay … back 動 …にお返しをする | earthly 形 地上の

解　答

16〜28

1

Strangely, as soon as she began to repeat this song the peach began to come nearer to the bank where the old woman was standing.

▶as soon as が副詞節を作る接続詞で「…するとすぐに」という意味になります。直後に she (S) began to repeat (V) this song (O) という SVO 構造が続きます（本当は she (S) began (V) [to repeat this song] (O) ですが，begin to *do* や want to *do* などはまとめて１つの V と見たほうが読み取りやすくなります）。さらに **the peach began to come ... という新たな SV が現れます**から，as soon as から this song までが副詞節，the peach (S) began to come (V) ... が主節だとわかります。

▶the bank という「場所を表す名詞」の直後に where が続くので，where は関係副詞で，where the old woman was standing は先行詞 bank を修飾する形容詞節だと判断できます。

〈Strangely〉, 〈as soon as she began to repeat this song〉
S' V' O'
the peach began to come nearer 〈to the bank (where
S V
the old woman was standing)〉.
S' V'

和訳｜奇妙なことに，彼女がこの歌を繰り返し始めるとすぐに，その桃がおばあさんが立っている川のほとりにより近づき始めました。

2

The old man and his wife were so astonished at what they saw that they fell to the ground.

▶what は関係代名詞で，**what they saw で「彼らが見たもの」という名詞節にな**

り，前置詞 at の目的語になっています（ちなみに，what を疑問詞として解釈して「何を彼らが見たか」とすると意味が通りません）。what は節内で他動詞 saw の目的語（O）にあたる（＝saw の目的語となる名詞が欠けている）ので，saw の目的語を that 節と見なして saw that ... とつなげて読むのは誤りです。

▶ that は手前に so があることから，so ... that ～「とても…なので～」の形（so ... that 構文）ではないかと推測できます。ここでは「とても驚いたので地面に倒れた」という自然な意味が成立するので，so ... that 構文だと確定させることができます。この that 節は副詞節になります。

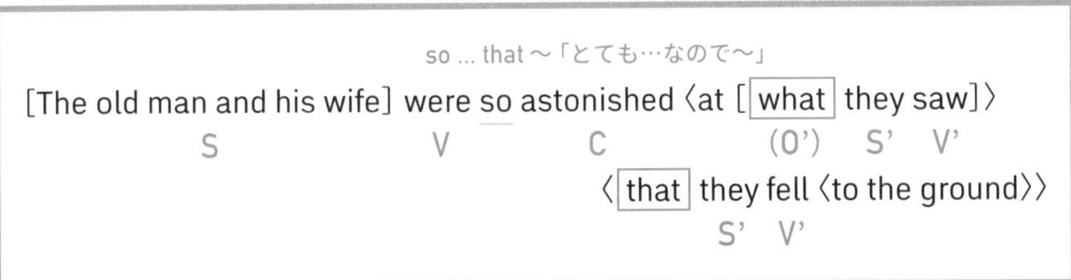
so ... that ～「とても…なので～」
[The old man and his wife] were so astonished 〈at [what they saw]〉
S V C (O') S' V'
〈that they fell 〈to the ground〉〉
S' V'

和訳｜おじいさんとおばあさんは，彼らが見たものにとっても驚いたので，ひっくりかえって（←直訳：地面に倒れて）しまいました。

3

The old man was much surprised at hearing this from a boy of fifteen.

▶ much は副詞で形容詞 surprised にかかり，The old man（S）was（V）surprised（C）という構造です。

▶ at という前置詞の後にありますから hearing は動名詞で，hearing this ... fifteen が名詞句になっています。

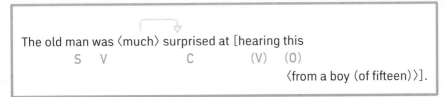

The old man was 〈much〉 surprised at [hearing this
S V C (V) (O)
〈from a boy (of fifteen)〉].

和訳｜おじいさんは 15 歳の少年からこのことを聞いて，とても驚きました。

He thought it best to let the boy go.

▶thought (←think) の後には think (that) it is good のように that 節が続くこともありますが，ここでは thought it の後に動詞がありません。ここでは **think が thought (V) it (O) best (C)「it が最も良いことだと思う」という形の第５文型(SVOC) で使われています**(⇒第２章６節(b))。後ろに to 不定詞が続いていることから，この it は形式目的語，to 不定詞が真目的語となります。

▶to 不定詞の中でも let (V) the boy (O) go (C) という第５文型が使われています(⇒第２章６節(c))。

think O (to be) C「O が C だと思う」 let O C「O に C させる」
He thought it best [to let the boy go].
S V 形O C 真O→(V) (O) (C)

和訳｜彼は男の子を行かせるのが（or 男の子に行くのを許可するのが）最も良いことだと思いました。

4

He answered that since he was not her real father, he could not insist on her obeying him against her wishes.

▶名詞節を導く接続詞 that が文末まで名詞節を作り，他動詞 answered の目的語(O) になっています。

▶接続詞 that の後で節内の S' V' が出てくる…と思いきや，副詞節を導く接続詞 since が出てきました。この since から副詞節が始まりますから，直後の he (S) was not (V) は since の導く副詞節内の S'' V'' であり，that 節内の(since の節に対する主節の) S' V' はまだ出てきていないことに注意してください。

▶since の作る副詞節内では，he (S) was not (V) her real father (C) までで第２文型(SVC) が完成します。その後にカンマがあり，he (S) could not insist (V) が続いていますから，これが that 節内のメインの(since の節に対する主節の) S' V' だとわかります。よって，father までで since からの副詞節のカッコを閉じます。

▶ insist on の後で obeying him ... が動名詞の導く名詞句を作り，前置詞 on の目的語になっています。また，意味上の主語 her がついて「**彼女が**彼に従うこと」という意味合いになっています (⇒第３章３節 (a))。

He answered [**that** 〈 since he was not her real father〉,
S V O→ S'' V'' C''
he could not insist on [**her** obeying him 〈against her wishes〉]].
S' V' 前 前の O'→
(obeying: …に従う／against: …に反して)

和訳｜彼は，自分は本当の父親ではないので，彼女の願いに反して彼女が彼に従うよう強く要求することはできないのだと答えました。

5

While everyone stared in astonishment, Cinderella drew from her pocket the other slipper and put it on.

▶ While は副詞節を導く接続詞で，everyone (S) stared (V) 〈in astonishment〉までが副詞節になっています。この while は主節との意味関係から (〈譲歩〉や〈対比〉の関係にはなっていませんから)「…している間に」という〈時〉の意味でとるのが適切です。

▶ 主節の述語動詞 drew (←draw「…を取り出す」の過去形) は他動詞ですが，直後は前置詞句になっており，目的語がありません。ここでは from her pocket を前置詞句としてカッコにくくれば，その後の名詞 the other slipper が drew の目的語 (O) になっているとわかります。他動詞 V と目的語 O が離れるパターンです。

〈 While everyone stared 〈in astonishment〉〉,
S' V'

put ... on [put on ...]「…を身に着ける」

Cinderella drew 〈from her pocket〉 the other slipper and put it on.
S V O V O

和訳｜皆が驚いて見つめる間に，シンデレラはポケットからもう片方の靴を取り出し，それを履きました。

6

He told her how anxious he was to see ...

►how の節は必ず名詞節になります。told（←tell）は SVOO の文型をとれますから，told（V）her（O_1）[how ...]（O_2）となります。

►how は単独で用いると「どのように，どうやって」という〈手段・方法・様態〉の意味になりますが，今回の how anxious のように**直後に形容詞・副詞を伴うと「どれほど，どのくらい」という〈程度〉**になります（⇒第３章７節（c））。

►he was to see ... という部分に違和感を持てたでしょうか。ここには how に伴われて前に出て行った形容詞 anxious があり，**元々は he was anxious to see ... という形だった**とわかるかどうかがポイントです。be anxious to *do* で「…することを切望する」という意味なので，how と合わせると「彼が…を見ることをどれほど切望しているか（彼は彼女に伝えた）」となります。

be anxious to *do*「…することを切望する」

He told her [how anxious he was ＿＿ to see ...]
S V O_1 O_2→ (C') S' V' ↑anxious

和訳｜おじいさんはかぐや姫に対して，…を見ることをどれほど切望しているか，伝えました。

... see her safely and happily married before he died.

▶ see (V) her (O) まで見たところで，safely や happily という副詞が出てきます。副詞は文の主要素になりませんからカッコにくくると，married という形が出てきます。**married は形容詞なのに前後に名詞がないことから補語 (C) になる**と判断できるので，see (V) her (O) married (C)「彼女が結婚しているのを見る」という文型が確定できます。safely and happily は married にかかります。仮に see にかかるのであれば，see の直前において safely and happily see her married になるか，後ろにおいて see her married safely and happily となります。

▶ before は副詞節を導く接続詞です。before he died が副詞節で see にかかります。

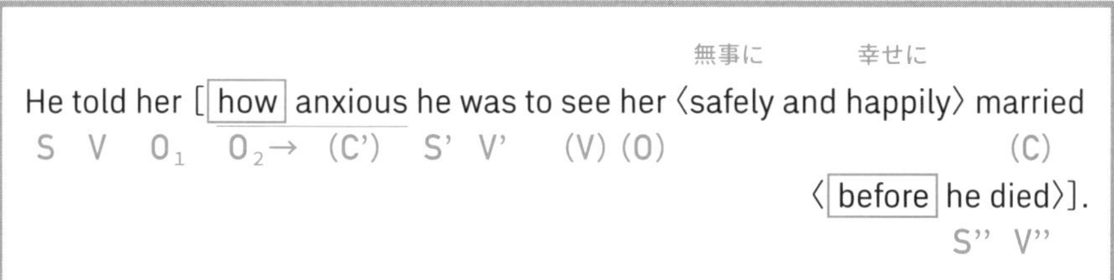

無事に　幸せに

He told her [how anxious he was to see her ⟨safely and happily⟩ married ⟨before he died⟩].

S V O_1 O_2→ (C') S' V' (V) (O) (C) S'' V''

和訳｜おじいさんはかぐや姫に対して，自分が死ぬ前に彼女が無事に，そして幸せに結婚するのを見ることをどれほど切望しているか，伝えました。

7

下線部までの構造は以下の通りです。

…として（前置詞の as）

⟨Once upon a time⟩ a cat and a monkey lived ⟨as pets⟩ ⟨in the same house⟩.
S V

They were great friends
S V C
and
were ⟨constantly⟩ wrapped up ⟨in all sorts of mischief ⟩ ⟨together⟩.
V

和訳｜昔々，猫と猿はペットとして同じ家に住んでいました。彼らは良い友達であり，いつも一緒にあらゆる種類のいたずらに没頭していました。

下線部

What they seemed to think of more than anything else ...

▶**whatが出てきたので名詞節が始まります。**［What they ... のように［　］のカッコを開きます。they（S）seemed to think（V）が what の節内の SV です。

▶what の節内には名詞が１つ欠ける（what が節内で S/O/C になる）ので，more than anything else「他の何よりも」が副詞句（正確には more が副詞，than が前置詞で，than＋anything else で副詞句）で，前置詞 of の後ろに名詞の欠けがあると見抜くことができます。

▶what は関係代名詞「…すること」で，全体では「彼らが〈他の何よりも〉考えているようであったこと」となります。この what を「何が［を］…か」という疑問詞の意味で取ると，後に続く was to get ... と意味的に上手く繋がりません。

［What they seemed to think of 〈more than anything else〉...
S→（前の O'）S' V' 前

和訳｜彼らが他の何よりも考えているようであったこと

... was to get something to eat, ...

▶was という動詞が出てきました。**what の節内には既に seemed to think という V がありますので**，他に接続表現がない限り，**what の節内にさらに動詞（V）を入れることはできません。**よって was の前で what からのカッコを閉じます。すると，what の節が名詞節で文の主語（S），was が述語動詞（V）だと見えてきます。

▶「彼らが他の何よりも考えているようであったのは」には「…することだ」が続くと予想できます。was の後の to 不定詞を名詞用法（⇒第３章３節（b））と考えれば，to get ...「…を手に入れること」が名詞句で補語（C）になるとわかります。

▶something to eat「何か食べるもの，食べもの」の to eat は直前の名詞 something にかかる形容詞用法の to 不定詞（⇒第３章２節（a））です。

[What they seemed to think of 〈more than anything else〉] was
S→(前の O') S' V' 前 V
[to get something (to eat)],
C→

和訳｜彼らが他の何よりも考えているようであったのは，何か食べるものを手に入れること（…）

… and it did not matter much to them how they got it.

▶ and の後で SV がありますので，同じ SV である [What …] was … と並列関係にあるとわかります。

▶ matter は did not が付いていることから動詞であるとわかります。自動詞で「(S が) 重要だ，問題だ」という意味です。

▶ すると，and の直後の it の指示対象がないとわかるでしょうか。もちろん文法的には what … や to get … などの名詞のカタマリや something to eat などを指す可能性はありますが，「重要でない」という動詞に意味的に繋がりません（「彼らが他の何よりも考えているようであったのは，何か食べるものを手に入れることであり，それは重要ではない」(？))。読み進めていくと〈much〉〈to them〉の後で how they got it という名詞のカタマリが出てきます。ここで，it が形式主語，how they got it が真主語だったとわかります。意味をとってみても，「どのようにそれを手に入れるかは (…) 重要ではない」となり，文意が通ります。

(自 V) 重要だ ＝something to eat
and it did not matter 〈much〉〈to them〉[how they got (it)].
形 S V 真 S→

和訳｜(…) であり，どのようにそれを手に入れるかは，彼らにとって大した問題ではありませんでした。

全訳｜昔々，猫と猿はペットとして同じ家に住んでいました。彼らは良い友達であり，いつも一緒にあらゆる種類のいたずらに没頭していました。彼らが他の何よりも考えているようであったのは，何か食べるものを手に入れることであり，どのようにそれを手に入れるかは，彼らにとって大した問題ではありませんでした。

8

下線部までの構造は以下の通りです。

宮殿の（外）階段

〈When the prince came out 〈onto the palace steps〉〉,
S' V'

痕跡

he could see no sign (of the lovely princess).
S V O

和訳｜王子が宮殿の階段に出てきた時，愛しい姫の痕跡を見ることはできませんでした。

下線部

The guards at the gate told him that nobody had passed there at all, except a little ragged kitchen maid;

▶ at the gate「門のところにいる」は前置詞句です。The guards「衛兵（たち）」という名詞の直後にあることから，The guards を修飾する形容詞句と考え，合わせて「門のところにいる衛兵」と訳します。もし副詞句で動詞にかかるならば At the gate the guards told him that ... あるいは The guards told him at the gate that ... のようになるのが一般的です。

▶ tell はよく tell＋O＋that SV の形をとりますので，今回もその形だと考えます。この that は名詞節を導く接続詞 that で，tell の目的語になっています。**that の後には SV がくるはず**ですから，それを探すようにして次に進みます。ここでは，nobody (S) had passed (V) ... と続いています。

▶ at all は nobody の no という否定部分について，否定を強調しています。not ... at all「全く…ない」と同じ形です。

▶ except は前置詞なのでこの部分は〈前置詞＋名詞〉になります。except は all / every / no などと組み合わせて用いられ，今回は nobody と組み合わせて「a little ragged kitchen maid を除いては（誰も…ない）」という意味になります。

The guards (at the gate) told him [that
S V O_1 O_2→ 小柄な
nobody had passed 〈there〉 〈at all〉, 〈except a little ragged kitchen maid〉];
S' V' 前 前の O

和訳｜門のところにいる衛兵は，ぼろぼろの服を着た小柄な女中を除いては，全く誰もそこを通らなかったと王子［彼］に言いました。

and the prince had to go back to the ball ...

▶ and は「そして，それから」のように訳出できますが，訳例のように２文に切っても構いません。**英語で１文になっていても２文にして訳出することもできますし，反対に，英語で２文になっていても訳出の際に１文にしても問題ありません**。より自然な訳文になるように選択してください。

and the prince had to go back 〈to the ball〉 ...
S V

和訳｜王子は舞踏会に戻らなければなりませんでした

... with only a little glass slipper to remind him of the beautiful lady with whom he was so desperately in love

▶ with から前置詞句です。with の目的語が「ガラスの靴」であることから with が「…を持って，…を持った」の意味であると推測できますが，直前の the ball

「舞踏会」にかけても意味が通りません(「小さなガラスの靴だけを持った舞踏会」(?))。ここでは直前の動詞 go back「戻る」を修飾する副詞句だと考えれば，「…する小さなガラスの靴だけを持って(舞踏会へ戻らなければならなかった)」となり，適切な意味合いになります。

▶ to remind ... の to 不定詞は，副詞用法の〈目的〉に見えるかもしれませんが，そうすると**意味上の主語が(明示されていないために)文の主語である the Prince (= he) になる**ため，「彼が彼に…を思い出させる(?)」となってしまいます。ここでは**直前の a little glass slipper「小さなガラスの靴」を修飾する形容詞用法の to 不定詞だと解釈すれば，〈SV 関係〉(⇒第３章２節(a))になり**，「小さなガラスの靴が彼にその美しい女性を思い出させる」という関係性になって文意が通ります。

▶ with whom が〈前置詞＋関係代名詞〉の形(⇒第３章６節)になっており，with whom he was so desperately in love が形容詞節として先行詞 the beautiful lady を修飾するという構造になっています。この節は，he was so desperately in love with her (=the beautiful lady) を元にしたものです(be in love with ...「…に恋をしている」)。

... 〈with only a little glass slipper (to remind him of

the beautiful lady (with whom he was 〈so desperately〉 in love))〉

和訳｜彼がひどく恋をしている美しい女性のことを彼に思い出させてくれる小さなガラスの靴だけを持って

全訳｜王子が宮殿の階段に出てきた時，愛しい姫の姿を見ることはできませんでした。門のところにいる衛兵は，全く誰もそこを通っておらず，通ったのはぼろを纏った小柄な女中だけだった(←直訳：ぼろぼろの服を着た小柄な女中を除いては全く誰もそこを通らなかった)と王子に言いました。王子は，彼がひどく恋をしている美しい女性のことを彼に思い出させてくれる小さなガラスの靴だけを持って，舞踏会に戻らなければなりませんでした。

9

Once upon a time there was a king and queen who for a very long time had no children,

▶ Once upon a time「昔々」という副詞表現に続いて，there was ... という〈存在〉を表す表現（⇒第２章２節）が用いられています。

▶ who から関係代名詞が導く形容詞節（⇒第３章６節）が始まり，先行詞 a king and queen を修飾します。

▶ who の直後は for という前置詞がありますから，〈前置詞＋名詞〉でカッコに括ります（⇒第１章７節）。すると had という動詞が出てきますから，who (S) ... had (V) no children (O) という形だとわかります。**関係詞の直後に〈前置詞＋名詞〉などの副詞表現が入り込むと読みにくくなるので注意が必要**です。

〈Once upon a time〉 there was a king and queen (who 〈for a very long time〉
M V S (S')
had no children),
V' O'

和訳｜昔々，とても長い間子どもを授からない王と王妃がいました。

and when a little daughter was finally born, they were so pleased that they invited a number of fairies to a christening feast.

▶ when a little daughter (S) was 〈finally〉 born (V) の後にカンマがあって再び they (S) were (V) という SV が続いていることから，**when は副詞節を導く接続詞**で when a little daughter was finally born が副詞節だとわかります（⇒第３章８節 (a)）。

▶ they were so pleased「彼らはとても喜んだ」の後の that は，直前に so があることから so ... that ～「とても…なので～」の that だと考えます（⇒ p. 143 **2** の解説）。that の後には新たに SV がきます。

ようやく，ついに

and 〈 when a little daughter was 〈finally〉 born〉,
S' V'

喜んだ

they were so pleased 〈 that they invited a number of fairies
S V C S' V' O'

〈to a christening feast〉〉.

和訳｜ようやく小さな娘が生まれると，彼らはとても喜んで，何人もの妖精たちを洗礼の宴へ招待しました。

But, unfortunately, they left out one old fairy,

► leave out は「…を省く」という意味なので，ここでは one old fairy「一人の年老いた妖精」を呼ばなかった，という意味だと解釈できます。

But, 〈unfortunately〉, they left out one old fairy,
S V O

和訳｜しかし，あいにく，一人の年老いた妖精を呼ばなかったのです。

and she was so angry that she said the princess should die when she reached the age of sixteen, by pricking her hand with a spindle.

► so angry that の that は先ほどと同じく so ... that ～「とても…なので～」です。

► she (S) said (V) の後に再び the princess (S) should die (V) がきていることから，**she said の後に名詞節の that が省略されている**（⇒第 3 章 7 節 (a)）とわかります。

► 自動詞 die の後に **when が出てきて（S/O/C にならないので名詞節にはならず，直前に時を表す名詞もないため形容詞節にもならないので）副詞節が始まる**と考えることができます。〈when she (S) reached (V) the age of sixteen (O)〉です。

► by pricking ... は手段を表す〈by＋-ing〉「…することによって」で副詞句になり

ますが，直前の動詞 reached にかけてしまうと「刺すことによって16歳になる」となってしまい，不自然です。ここではその前に出てくる動詞 die にかかると考えれば，「刺すことによって死ぬ」となり，意味が通ります。副詞句がどこを修飾するか，常に意識してください。

so ... that ～ とても…なので～
and she was so angry 〈 that she said
S' V
[(that) the princess should die 〈 when she reached the age of sixteen〉,
S'' V'' S''' V''' O'''
〈by pricking her hand 〈with a spindle〉〉]〉.

和訳｜その妖精はとても怒り，王女は16歳になると糸車の針で手を刺して死ぬであろうと言いました。

全訳｜昔々，とても長い間子どもを授からない王と王妃がいました。ようやく小さな娘が生まれると，彼らはとても喜んで，何人もの妖精たちを洗礼の宴へ招待しました。しかし，あいにく，一人の年老いた妖精を呼ばなかったのです。その妖精はとても怒り，王女は16歳になると糸車の針で手を刺して死ぬであろうと言いました。

10

下線部①
A dog, to whom the butcher had thrown a bone, was hurrying home with his prize as fast as he could go.

► A dog (S) に続いて to whom という**〈前置詞＋関係代名詞〉が出てくるので，ここから形容詞節**（⇒第３章６節）になり A dog を修飾します。to whom の前にカンマが置かれており，いわゆる関係詞の非制限用法で用いられており，ここでは「一匹の犬が，…して」のように訳し下すことも可能です。

► to whom の後は the butcher (S) had thrown (V) a bone (O) で SVO が成立し，カンマを挟んで述語動詞である was hurrying が出てくるので，関係詞の節は a bone までです。

►was hurrying (V) の後は home, with his prize という副詞(句)が続いて(home も「家へ」という意味の副詞です)，全て was hurrying を修飾しています。as ... as S can は「(S の) できる限り…」です。

A dog, (to whom the butcher had thrown a bone),
S S' V' O'
was hurrying ⟨home⟩ ⟨with his prize⟩ ⟨as fast as he could go⟩.
V

和訳｜肉屋に骨を投げてもらった一匹の犬が（or 一匹の犬が，肉屋に骨を投げてもらい），そのご褒美を持ってできる限りの速さで家へと急いでいました。

下線部②までの構造は以下の通りです。

１パラ２文目

「…する時」(時の as)

⟨As he crossed a narrow (幅の狭い) footbridge (橋)⟩, he happened to look down
S' V' O' S V
and saw himself reflected ⟨in the quiet water⟩ ⟨as if in a mirror⟩. But (...)
V O C (過去分詞)

as if 接「まるで…のように」
※as if は as if＋句という形をとることがある

和訳｜その犬が幅の狭い橋を渡る時，たまたま下を見ると，まるで鏡のように自分自身が穏やかな水面に映っているのを目にしました。しかし（…）

下線部②

... the greedy dog thought he saw a real dog carrying a bone much bigger than his own.

►the greedy dog (S) thought (V) の後に he saw という SV があることから，the greedy dog thought [(that) he saw ...] という**名詞節を導く接続詞 that の省略** (⇒第３章７節 (a)) だと見抜きます。

▶ that 節内で he (S) saw (V) a real dog (O) の後に carrying という -ing 形がきます。**see や hear などの知覚動詞はよく〈知覚動詞＋O＋C〉の形をとる**（⇒第２章６節 (d)）ことから，carrying が C で「本物の犬が…を運んでいるのを見た」という意味になるとわかります。

▶ carrying a bone「骨を運ぶ」という繋がりの後に，big という形容詞を基にした much bigger (than ...) が出てきます。**形容詞は前後の名詞にかかるか C になるか**（⇒第１章５節）ですが，ここで再び C が出てくるはずがないので，直前の a bone「骨」にかかるとわかります。２語以上の形容詞なので，名詞を後置修飾できます。意味だけでなく，このように形で判断できることが重要です。

▶ own は〈one's own＋名詞〉で「自分自身の名詞」という意味になりますが，この名詞部分は既に出ていることが多く，その場合は省略されます。ここでは bone が省略されていると考えれば，a bone much bigger than his own bone「自分自身の骨よりもずっと大きな骨」となり，比較対象が揃います。

... the greedy dog thought
S V
[(that) he saw a real dog carrying a bone (〈much〉 bigger 〈than his own〉)].
S' V' O' C' (V) → (O)

和訳｜しかしこの欲深い犬は，本物の犬が自分自身の骨よりもずっと大きな骨を持ち歩いているのを見たのだと思ったのです。

下線部③までの構造は以下の通りです。

２パラ１文目
〈 If he had stopped 〈to think〉〉 he would have known better. But (...)
S' V' S V

stop to *do*「立ち止まって…する」
※to 不定詞は副詞用法で〈目的〉。「…するために立ち止まる」が直訳。

和訳｜もし彼がじっくり考えていたら（←直訳：立ち止まって考えていたら），そんな愚かなことはしなかったでしょう。しかし（…）

▶仮定法の文。現実には「じっくり考えていなかったから，そのような愚かなことをしてしまった」ということ。

下線部③
... instead of thinking, he dropped his bone and sprang at the dog in the river, ...

▶**instead of「…の代わりに」はセットで１つの前置詞と考えます。**動名詞 thinking を伴って「考える代わりに，考えることをせずに」というカタマリになります。副詞句で，後の動詞を修飾します。
▶he（S）dropped（V）his bone（O）の後で and が出てきます。直後が sprang（←spring「飛ぶ」の過去形）という動詞になっているので，直前の動詞である dropped と並列関係だとわかります。
▶in the river という前置詞句は動詞 sprang にかかる副詞句だと考えると「川の中で犬に飛びかかる」という意味になってしまい，元から川の中にいたことになってしまいます。ここでは直前の名詞 the dog にかかる形容詞句と考えて，「川の中の犬（に飛びかかる）」とします。

... only to find himself desperately swimming to reach the shore.

▶only to find ... というカタマリがでてきます。これは**結果を表す副詞用法の to 不定詞**（⇒第３章４節（a）④）で，only がつくと「しかし…という結果になった」という〈残念な結果〉を表すことになります。
▶desperately という副詞をカッコに括ると，find（V）himself（O）swimming（C）という構造が見えてきます。find oneself -ing は「（気がついてみると）…している」という意味です（例：When I’m feeling stressed, I find myself reaching for chocolates.「私はストレスを感じている時，気がつけばチョコレートに手が伸びています」）。
▶to reach ... は**目的を表す副詞用法の to 不定詞**（⇒第３章４節（a）①）で swimming の swim を修飾していると考えると「岸に辿り着くために泳ぐ」となり，意味が通ります。

… 〈instead of thinking〉,
he dropped his bone and sprang 〈at the dog (in the river)〉,
S V O V
〈〈only〉 to find himself 〈desperately〉 swimming 〈to reach the shore〉〉.
(V) (O) (C)

和訳｜考える代わりに，彼は自分の持っていた骨を落とし，川の中の犬に飛びかかりました。しかし結局，気がついてみると，岸に辿り着こうと必死に泳ぐことになっていました。

下線部④までの構造は以下の通りです。

２パラ３文目

manage to *do*「何とか…する」
at last「ようやく，とうとう」
〈At last〉 he managed to come out 〈of the river〉, and …（下線部④）
S V

和訳｜ようやく何とか川から這い出て，(…)

下線部④
… as he sadly stood thinking about the good bone he had lost, he realized how stupid he had been.

▶as＋SV という形なので，as は接続詞だとわかります。**as は副詞節を作る接続詞**（⇒第３章８節（a））として「…する時」(時)，「…するにつれて」(比例)，「…なので」(理由)，「…だけれども」(譲歩)，「…と同じように」(様態) などの意味になります。どの意味になるかは原則として文脈で決まります。

▶〈as he (S) 〈sadly〉 stood (V) … までくると，thinking という -ing が出てきます。ここでは thinking を分詞構文だと考える（⇒第３章４節（b））と※，ここから副詞

※　この thinking を C と捉える考え方（stand C という形）もありますが，考えやすいほうで考えて構いません。

のカタマリになりますから，〈as he (S) 〈sadly〉 stood (自 V) 〈thinking ...〉「彼は…を考えながら悲しそうに立っていた」となり，文構造も正しく捉えられます。

- ►the good bone という**名詞の直後に，he had lost という SV が続き**，かつ他動詞 lost の目的語が欠けています。ここには**関係代名詞が省略**されており（⇒第３章６節），the good bone (which) he had lost「彼が失った良い（→立派な）骨」という意味になっています。
- ►lost の後にカンマが置かれ，**he realized という新たな SV** が出てきますので，lost までが as からの副詞節，he realized が主節の SV だと判断できます。
- ►realized の目的語には how の節がきています。**how の節は必ず名詞節になる**（⇒第３章７節 (c)）ので，how stupid he had been が目的語になる名詞節だとわかります。how の直後に stupid という形容詞がきていますから，how は〈程度〉になり，「彼がどれほど愚かだったか」という意味になります。
- ►ここまでくると，as 節と主節の意味関係から，最初の as が〈時〉の意味だと確定します。

↓関係代名詞の省略

... 〈as he 〈sadly〉 stood 〈thinking 〈about the good bone (he had lost)〉〉〉,
S' V' S'' V''

he realized [how stupid he had been].
S V O→ S' V'

和訳｜悲しそうに立ったまま，失った立派な骨について考えているうちに（←直訳：失った立派な骨について考えながら悲しそうに立っていると），彼は，自分は何と愚かだったのだろうと悟ったのでした。

最終文

(It) is very foolish [to be greedy].
形S V C 真S→

和訳｜欲深いことは，とても愚かなことだ。

全訳｜　肉屋に骨を恵んでもらった一匹の犬が，そのご褒美を持って全速力で家へと急いでいました。その犬が幅の狭い橋を渡るとき，たまたま下を見ると，まるで鏡のように自分の姿が穏やかな水面に映っているのを目にしました。しかしこの欲深い犬は，本物の犬が自分自身の骨よりもずっと大きな骨をくわえているのを見たのだと思ったのです。

もし彼がじっくり考えていたら，そんな馬鹿なことはしなかったでしょう。しかし考える代わりに，彼は自分の持っていた骨を落とし，川の中の犬に飛びかかりました。しかし結局，気がついてみると，岸に辿り着こうと必死に泳ぐことになっていました。ようやく何とか這い出て，悲しそうに立ったまま，失った立派な骨について考えているうちに，彼は，自分は何と愚かだったのだろうと悟ったのでした。

欲深いことは，とても愚かなことだ。

11

The princess answered that even if she consented to marry any one of them his heart might change afterwards because he did not know her as she had been before.

►the princess (S) answered (V) [that ...] (O) の that 節の中で，まず SV が出るかと思いきや，even if という接続詞が出てきます。**ここから even if の副詞節が始まりますから，その中で節の中の SV が出て，副詞節が閉じられた後に answer that ... の that 節内の SV (even if の副詞節に対する主節 SV) が出てくる**，という意識を持ちましょう。

↓even if の節内の SV

SV [that S'V']　→　SV [that 〈even if＋S''V''〉 S'V']

↑that 節内の SV

►〈even if she (S) consented to marry (V) any one (of them) (O) までくると，his heart という名詞 (そしてそれに続く might change という V) が出てきますので，ここから that 節内の SV が始まったと考えます。one of them his heart という名詞の連続が不自然で，**them と his の間に「切れ目」を感じられるか**がポイントです。

▶ even if ... them の副詞節は直後の his heart might change ... を修飾します。直前の接続詞 that を飛び越えて The princess answered を修飾することはありません。

▶ his heart (S) might change (V) 〈afterwards〉の後で接続詞 because が出てきますので，ここから再び副詞節です。直前の主節 his heart might change ... を修飾します。この because 節が she consented to marry ... を修飾することはありませんが (⇒第３章８節 (a) (１)〈副詞節２〉のパターン)，answer that ... の that 節が afterwards で終わり，because 節が The princess answered を修飾する可能性はあります。ただ，「その人は彼女のことをそれ以前に知らないのだから，かぐや姫は答えた」とするのは意味が合いません。

▶ as は「…の通りに，…と同じように」という意味の〈様態〉の as です。as she had been before で know を修飾する副詞節になります。「それ以前に彼女がそうであった通りに彼女を知っている (know her as she had been before)，ということがない (did not)」という直訳から，「それまでの彼女を知らない」くらいの意味だとわかります。

▶ 最後の before は接続詞や前置詞の用法もありますが，ここでは1語で単独で使われていますから，副詞の before「それ以前，それまでに」だとわかります。ここでは物語の時点が過去形で語られていますから，副詞 before が修飾する (she) had been は過去完了形になっています。

The princess answered [that
S V O→ ＝結婚を申し込んだ５人の男
〈 even if she consented to marry any one of them〉
S'' V'' O''
his heart might change 〈afterwards〉
S' V'
〈 because he did not know her 〈 as she had been 〈before〉〉〉]
S'' V'' O''

和訳｜かぐや姫は，たとえ彼女が彼らのうちの誰か一人と結婚することに同意したとしても，その人はそれまでの彼女を知らないのだから，その人の気持ちがその後で変わってしまうかもしれない，と答えました。

12

When the old man gave her no peace, asking her again and again, and insisting that she must know what had happened to his pet, she confessed everything.

▶**文頭に when がある場合，一番多いのは副詞節を導く接続詞 when「…する時」です**。読み進めていって，When S' V' ..., SV ... の形になっていたら接続詞の when だという読みで確定できますが，文頭の when を見て「接続詞の when だ」と思って読み進めていくというように，**一番可能性が高い読み方で予測しながら読んでいく姿勢は重要**です。

▶when の節内で the old man (S) gave (V) her (O_1) no peace (O_2) という第４文型 (SVO_1O_2) が完成した後にカンマが置かれ，asking ... という -ing 形がきていますから，**分詞構文** (⇒第３章４節 (b)) だとわかります。意味上の主語を考えると (後に出てくる主節の主語 she ではなく) the old man ですから，the old man gave ... を修飾していると判断できます。その後の and は asking と insisting を結びますから，ともに分詞構文です。〈付帯状況〉の意味で，「うるさくせきたて (gave her no peace)，尋ね (asking)，強く主張した (insisting)」のように訳し下しても，「尋ね (asking)，強く主張して (insisting)，うるさくせきたてた (gave her no peace)」のように訳し上げても，どちらでも構いません。

▶insist that ... の that は目的語となる名詞節を導く接続詞 that (⇒第３章７節 (a)) です。なお，ask は (一部の用法を除いて) that 節を目的語にとらないので，「彼女に何度も尋ね，… (that 以下) と強く主張した」となります。

▶that 節内で他動詞 know の目的語に what 節があります。この what は疑問詞として解釈しても (「何が起こったのか」)，関係代名詞として解釈しても (「起こったこと」)，どちらでも構いません (⇒第３章７節 (c), (d))。

►what (S) had happened (V) 〈to his pet〉 までくると，カンマを挟んで**また新たに she (S) confessed (V) … という SV が出てきます**。ここで文頭の接続詞 when が生きてきます。to his pet までが when から始まる副詞節だと考えると，この she (S) confessed (V) が主節の SV だとわかります。**節を導く接続表現が出てきたら，それに対応する S' V'**（ここでは the old man gave …）**と，それとは別に主節となる SV**（ここでは she confessed …）**があるという意識**をしっかり持ちましょう。

〈When the old man gave her no peace,
S' V' O_1' O_2'
〈asking her 〈again and again〉〉,
and
…と主張する …に違いない →雀のこと
〈insisting [that she must know [what had happened 〈to his pet〉]]〉〉,
S'' V'' O''→(S''') V''' when 節ここまで↑
she confessed everything.
S V O
→ここから主節

和訳｜おじいさんがおばあさんをうるさくせきたてて，何度もおばあさんに尋ね，彼のペットに何が起こったのかおばあさんが知っているはずだと強く主張すると，彼女は全てを白状しました。

She told him crossly that the sparrow had eaten the rice paste she had specially made for starching her clothes, …

►**tell を見たら第 4 文型 (SVOO) を予測**したいところです。crossly という副詞（最後が ly で終わっていることから副詞であると推測できます）をはさんで，名詞節をつくる that が出てきました。told (V) him (O_1) 〈crossly〉 [that …] (O_2) という形です。**that 節の中でまた SV が出てきます。**

►the sparrow (S) had eaten (V) the rice-paste (O) までくると，接続表現がな

いのにまた she had ... made ... という SV が出てきます。ここは**〈名詞＋SV〉の形になっていることから関係代名詞の省略**であると考えられます（⇒第３章６節）。関係代名詞の節内では名詞が１つ欠けるはずですが，他動詞 make（←had made）の目的語が欠けていますので，関係代名詞の省略という読みが確定します。

和訳｜彼女は不機嫌そうに，服に洗濯のりをつけるためにわざわざ（←直訳：特別に）作った姫糊を雀が食べてしまったこと（…）を，おじいさんに伝えました。

... and that when the sparrow had admitted to what it had done, in great anger she had taken her scissors and cut out its tongue, ...

- ▶ and の後に再び that がきているので，tell の O_2 である that の節が並列関係になっているとわかります。
- ▶ 注意すべきは that の後に接続詞 when がきていることです。この問題の最初のブロックと同じように，**when の節内で S' V' が出たあと，もう一つ SV（that 節内で when の節に対する主節）が出てくる**ことを意識しましょう。
- ▶ had admitted to の後で **what が出てきますので，名詞のカタマリが始まります。** この what も，「自分のしたこと」という関係代名詞で解釈しても，「何を自分がしたか」という疑問詞で解釈しても，問題ありません。
- ▶ カンマを挟んで in great anger という〈前置詞＋名詞〉をカッコに括ると，she had taken ... という SV がでてきます。これが that 節内で when 節に対する主節となる SV です。

前部分の that ... と並列　　　　＝雀　when節ここまで↓

... and [that 〈when the sparrow had admitted to [what (it) had done]〉,

O_2→　S''　V''　O''→　S'''　V'''

＝おばあさん　＝おばあさん　＝雀

〈in great anger〉(she) had taken (her) scissors and cut out (its) tongue], ...

S'　V'　O'　V'　O'

和訳｜雀が自分のしたことを告白した時に彼女がとても怒って，ハサミを持ち出して雀の舌を切ってしまったこと

and that finally she had driven the bird away and forbidden it to return to the house again.

▶ tell の O_2 となる３つ目の that 節が出てきます。

▶ away の後の and は直後が forbidden という過去分詞形なので，その前の過去分詞形である driven と並列関係にあるとわかります。

＝おばあさん　drive ... away [drive away ...]「…を追い払う」

... and [that 〈finally〉(she) had driven the bird away

and

＝雀

forbidden (it) to return 〈to the house〉〈again〉].

和訳｜そして最後には雀を追い出して家に再び戻ってくることを禁じたこと

全訳｜おじいさんがおばあさんをうるさくせきたてて，何度もおばあさんに尋ね，彼のペットに何が起こったのかおばあさんが知っているはずだと主張すると，彼女は全てを白状しました。彼女は不機嫌そうに，服に洗濯のりをつけるためにわざわざ作った姫糊を雀が食べてしまったこと，雀が自分のしたことを告白した時に彼女がとても怒って，ハサミを持ち出して雀の舌を切ってしまったこと，そして最後には雀を追い出して家に再び戻ってくることを禁じたことを，おじいさんに伝えました。

13

> The princess told the old man that all these measures to keep her would be useless, ...

▶ tell が使われているので，told (V) the old man (O_1) に続く that は名詞節を導く接続詞 that で，that 節が O_2になります (⇒第３章７節 (a))。

▶ that 節内では，名詞 all these measures が S' です。続く to keep her ... の部分は，her would be ... が繋がらないので，to keep her までが to 不定詞のカタマリだとわかります。よって，all these measures (S) ... would be (V) ... という構造です。

▶ to keep her は S/O/C になりませんから形容詞用法または副詞用法となり，**直前の名詞 mearures「対策」の内容として to keep her「彼女を引き留める(ための)」というのが意味としてピッタリなので，形容詞用法だと判断**できます(なお，仮に副詞用法だとすると，S の直後に置かれる場合，S, to keep her, V ... のように前後にカンマが置かれるのが普通です)。

▶ be useless「役に立たない」ものになるかどうかは told した時点から見ると未来のことですから，would は〈過去から見た未来〉で，助動詞 will が時制の一致で would になったものだと理解できます。

The princess (S) told (V) the old man (O_1) [that (O_2→) all these measures (S') (to keep her) would be (V') useless (C': 役に立たない)], ...

和訳｜かぐや姫は，自分を引き留めようとするこうした対策は全て役に立たないだろうと（…）おじいさんに言いました。

... and that when her people came for her nothing could prevent them from carrying out their purpose.

►and の直後は that 節になっていますから，直前の told the old man that ... の that 節と並列関係になっているとわかります。

►that 節内の SV が出る前に，接続詞 when が出てきました。**when の節内で SV が 1 つ，その後に when 節に対する主節の SV が出てくることを意識**してください。

►when 節内で her people came for her までくると **nothing (S) could prevent (V) ... という新たな SV** が見えてきますから，when の節は for her までだとわかります。

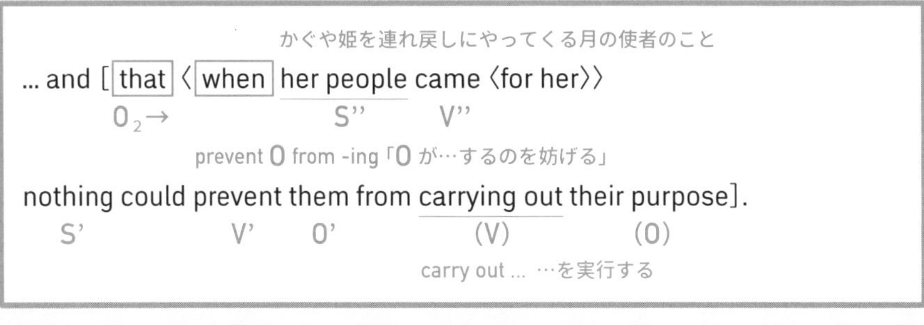

和訳｜そして，月からの使者が彼女を取り戻そうとやってきたら，何事も彼らが目的を果たすのを妨げることはできないと（…）

Then she added with tears that she was very, very sorry to leave the old man and his wife, whom she had learned to love as her parents, ...

►〈Then〉 she (S) added (V) までくると，with tears という〈前置詞＋名詞〉があり，これをカッコにくくると that 節が出てきますから，**add (V) ... [that SV] (O) という形**だとわかります。他動詞 V と目的語 O の間に修飾語句が入り込んだパターンです。

▶that 節の中の to leave という to 不定詞は，直前に sorry「申し訳なく思って」という感情を表す形容詞があることから**〈感情の原因〉の用法**（⇒第３章４節 (a) ②）ではないかと推測できます。一般に，be sorry to *do* で「…して申し訳なく思う」のように用います（例：I'm sorry to have kept you waiting.「お待たせしてしまってすみません」）。

▶whom は関係代名詞で，人を先行詞にとりますから，whom ... her parents という形容詞節が直前の the old man and his wife を修飾するとわかります。節内では love の目的語が欠けて（whom が love の目的語（O）となって）います（⇒第３章６節）。

▶as は直後に her parents という名詞しかありませんから，前置詞として用いられています。**前置詞の as はその多くが「…として」という意味になります。**

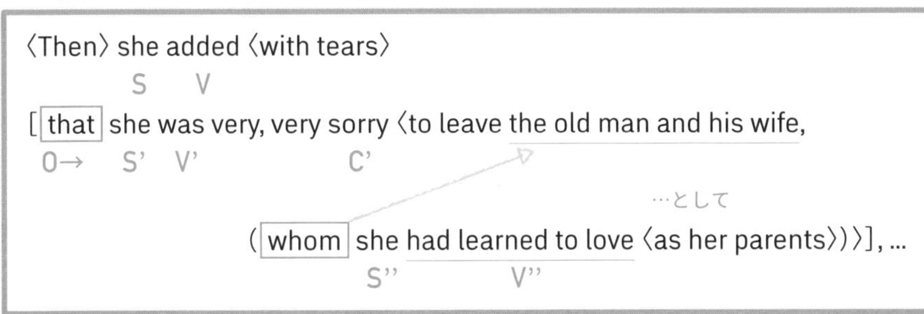

和訳｜そして彼女は涙を流しながら，自分の両親として愛するようになったおじいさんとおばあさんの元を離れるのはとても，とても申し訳ないと（…）付け加えました。

... and that if she could do as she liked she would stay with them in their old age and try to pay them back for all the love and kindness they had given her during her earthly life.

▶and はやはり that 節を並列にしています。

▶that 節の中で if 節が出てきます。このような**〈節中の節〉の形の読み取りは文の形を掴むうえで重要**ですから，しっかりできるようになりましょう（この総合演習中に何度も出てきています）。

▶if 節内では she（S）could do（V）に続いて〈as she liked〉というカッコをつけられたかがポイントです。like は普通 that 節をとりませんから，直後に SV（she would stay ...）が続いていることの説明がつきません。よって **liked でいったん切れ目があるはずだ**，と考えることができます。なお，do as S like で「S の好きなようにする」という意味でよく用います（例：Do as you like.「好きなようにやりな」）。

▶she（S）would stay（V）... から新たに SV が出てくるので，if の節は liked までです。

▶in their old age の後の and は，直後が try to pay ... という動詞なので，その動詞と前に出てくる動詞を並列関係にしています。if 節はもう閉じていますから，if 節内の動詞ではなく，主節の動詞である stay と並列になります。stay も try も原形ですから，would は共通の助動詞だと考えると形が合います。

▶for all the love and kindness という前置詞句は副詞句で（try to）pay them back を修飾します。「彼らへお返し（＝恩返し）をする」という内容に対して，「何に対する恩返しか」という情報を加えていると考えると意味が通るからです。

▶all the love and kindness の直後に they had given という SV が登場します。〈名詞＋SV〉の形になっていること，及び they（S）had given（V）her（O_1）に続く O_2 が欠けている（第４文型（SVO_1O_2）をとる give の後で，「（彼女に）何を与えるか」に当たる情報がありません）ことから，**関係代名詞の省略**（⇒第３章６節）の形だと見抜くことができます。

▶なお，if 節内の could，およびそれに対する主節の would は仮定法が用いられた形です。現実にはそのようなことは不可能だ，というかぐや姫の気持ちがこもっています。

仮定法　　　　do as S like「S の好きなようにする」

... and [that 〈 if she could do 〈 as she liked〉〉

O_2→　　　　S''　　V''

仮定法

she would | stay 〈with them〉〈in their old age〉

S'　　　　V'

and

try to pay them back

V'　　　　↓関係代名詞の省略

〈for all the love and kindness (they had given her 〈during her earthly life〉)〉].

S''　　V''　　O_1''

和訳｜そして，もし好きなようにできるのであれば，彼らの老後も一緒にいて，地上で生活する間に彼らが自分に与えてくれた全ての愛と優しさの恩返しに努めるだろう（…）

全訳｜かぐや姫は，自分を引き留めようとするこうした対策は全て役に立たないだろうと，そして，月からの使者が彼女を取り戻そうとやってきたら，何事も彼らが目的を果たすのを妨げることはできないと，おじいさんに言いました。そして彼女は涙を流しながら，自分の両親として愛するようになったおじいさんとおばあさんの元を離れるのはとても，とても申し訳ない，もし好きなようにできるのであれば，彼らの老後も一緒にいて，地上で生活する間に彼らが自分に与えてくれた全ての愛と優しさの恩返しに努めるだろう，と付け加えました。

ここで扱った問題，特に⑫や⑬は，構文レベルにおいて大学入試でも最難関レベルに相当する難易度です。自力で解けなかったとしても，正しく読むための知識は全て本書で学んでいることを確認し，何度も復習して定着に努めてください。

あとがき

習得に労力を要し，即時的な効果が見えにくい，しかし今後の飛躍のために絶対に必要となる基礎の部分を，しっかりと，そして楽しく身につけてもらえたのであれば，本書の目的は達成されたことになります。

本書は取り組みやすいものにするため，意図的に「薄め」の本にしましたが，内容はかなり「厚く」してあります。**隅々まで目を通すと，英語の「基礎」と呼ばれる部分に関して，十分に扱っている**とわかっていただけると思います。ぜひ**一度きりで終わらせず，何度も取り組み，扱われている文章を繰り返し音読して，書いてあることを余すところなく身につけてください。**理屈を理解したところで終わらせず，「自分で使いこなせる」水準まで高められるかどうかで，今後の成績の伸びが大きく違ってきます。

英語学習ではどこかの段階で**「徹底的に反復する」**という作業が不可欠です。人と同じくらいしかやらなければ，最大でも同じくらいの成長しか見込めません。他の人の３倍努力するくらいの気持ちで取り組めば，見える景色が変わってくるに違いありません。

本書で扱った事項をさらに演習したい，あるいは，難関大の入試でよく問われる事項を身につけたいなら，ぜひシリーズ上級編の『**論理を捉えて内容を掴む　大学入試　英文解釈クラシック**』に進んでください。本書とあわせて丁寧に取り組み，何度も反復すれば，どの大学だろうと，どの検定試験であろうと，怖いものはなくなるでしょう。『論理で捉えて内容を掴む　大学入試　英文解釈クラシック』が少し難しく感じるようであれば，もう少し別の教材で演習し，ある程度の語彙力を身につけてから取り組んでもよいでしょう。

また，『**英文解釈クラシック**』**シリーズで「面白い」と思った素材は，自身の興味に従ってどんどん読み進めてください。**市販の多読用教材で同じ素材を見つけることができるかもしれませんし，著作権の切れた名作が公開されているサイトであるプロジェクト・グーテンベルク（https://www.gutenberg.org/）などで探すのもよいでしょう。本書で扱うような理屈を身につけたあと，その理屈に従って興味ある素材を楽しく読んでいると，自然と英語力はついてくるものです。

本書をきっかけにして，大きな飛躍を遂げましょう。

最後になりますが，制作過程で様々な方にお世話になりました。原稿を詳細にチェックしていただいた米山達郎先生をはじめ，編集を担当していただいた研究社の佐藤陽二氏，青木奈都美氏，数々の有益なアドバイスをくれた先輩・同僚講師や元生徒諸氏に，心から感謝を申し上げます。

久保田 智大

Appendix

(A) 重要語句のまとめ

英語における「基礎」とは，「語彙」「文法」「構文」です。本書では「(読むための) 文法」と「構文 (を掴む基礎知識)」を扱っていますから，あとは「語彙」を鍛える必要があります。本文中で出てきた覚えるべき重要語句を下記にまとめて掲載しますので，覚えていない単語をチェックし，必ず全て覚えるようにしてください。適宜参照ページに戻って，文脈とともに覚えるとより効果的です。

☑	単語	意味	p.	☑	単語	意味	p.
	capacity	名 能力	2		seem	動 …のように思われる	2
	almost	副 ほとんど	2		universal	形 普遍的な	2
	happen	動 起こる	11		tradition	名 伝統	11
	particular	形 特有の	11		terribly	副 ひどく	15
	lazy	形 怠惰な	15		instruction	名 指示	17
	amazingly	副 驚くほど	18		land	動 着陸する	25
	drop in	動 立ち寄る	25		in detail	副 詳細に	35
	respond	動 対応する	35		pandemic	名 世界的流行	35
	promotion	名 昇進	39		amuse	動 …を楽しませる	46
	suddenly	副 突然	57		toward	前 …に向かって	57
	wheel	名 ハンドル	57		brief	形 短い	57
	prepare for ...	動 …のための準備をする	65		essential	形 不可欠な	68

☑	単語	意味	p.	☑	単語	意味	p.
	literacy (skill)	名 読み書き能力	68		object to ...	動 …に反対する	69
	bill	名 勘定	69		compare	動 …を比較する	70
	avoid	動 …を避ける	74		as usual	副 いつものように	76
	hand in hand	副 手をつないで	78		path	名 道	82
	quit	動 …を辞める	82		attempt	名 試み	82
	observe	動 …を観察する	86		surroundings	名 周囲のもの	86
	complain	動 文句を言う	86		loudly	副 大声で	86
	break one's promise	約束を破る	94		the other day	副 先日	95
	wear	動 身に着けている	95		definitely	副 絶対に	95
	efficiency	名 効率性	100		spill	動 …をこぼす	101
	review	動 …を見直す	104		get married	結婚する	106
	responsible	形 責任がある	110		be married	結婚している（状態）	110
	none of your business	あなたに関係ない	110		discrimination	名 差別	110
	upset	形 動揺した	111		quarrel	名 口論	111
	contact	動 …と連絡を取る	120		run into ...	動 …に直面する	120
	contain	動 …を含む	122		precious	形 貴重な	122
	scold	動 …を叱る	124		surely	副 確実に	126
	frequently	副 頻繁に	132		previous	形 以前の	132
	require	動 …を必要とする	132		bank	名（川の）岸	137
	astonished	形 非常に驚いた	137		insist on -ing	動 …することを強く要求する	138

☑	単語	意味	p.
	stare	動 見つめる	138
	be anxious to *do*	…することを切望する	138
	constantly	副 いつも	138
	except	前 …を除いて	139
	pleased	形 喜んだ	139
	unfortunately	副 残念ながら，あいにく	139
	narrow	形 幅が狭い	139
	reflect	動 …を反射[反映]する	139
	instead of ...	前 …の代わりに	140
	at last	副 ようやく，とうとう	140
	foolish	形 愚かな	140
	afterwards	副 その後で	140
	forbid O to *do*	動 O が…するのを禁止する	141
	useless	形 役に立たない	141
	purpose	名 目的	141
	draw	動 …を引き出す	138
	once upon a time	副 昔々	138
	matter	動 (S が) 重要だ，問題だ	138
	desperately	副 ひどく，必死に	139
	a number of ...	いくらかの…；多くの…	139
	hurry	動 急いで行く	139
	happen to *do*	動 たまたま…する	139
	greedy	形 欲深い	139
	shore	名 岸	140
	manage to *do*	動 何とか…する	140
	consent	動 同意する	140
	confess	動 (罪など) を告白する	140
	measure	名 対策	141
	prevent O from -ing	動 O が…するのを妨げる	141
	learn to *do*	動 …するようになる	141

※その他，p.32，p.38，p.53 に「覚えるべきリスト」があります。そちらもあわせて覚えましょう。

(B) 復習用英文再掲

本書で学んだことを思い出すようにして音声を聞いてみましょう。また，音声を真似て何度も文（文章）を読んでみましょう。

演習問題（p. 11）  01

次の文中で「形容詞」を全て指摘し，それぞれについて①「前後から名詞を修飾する」②「補語（C）になる」のどちらの役割をしているかを答えなさい。

1 What happened? You look sad.

2 The girl made a sad face.

3 I cooked grilled chicken yesterday. It was so tasty!

4 The tradition particular to the area is dying.

5 The paper has many interesting points.

6 He kept silent for a long time.

7 Keep the window open. It's so hot here.

8 This is a song familiar to many children.

9 The melody makes the song familiar to us.

演習問題（p. 17）  02

空所に入れるのに最も適切なものを１つずつ選びなさい。また，選んだ選択肢の品詞を答えなさい。

❶ He is a (　　) boy.
(a) kind　(b) kindness　(c) kindly

❷ He looks (　　).
(a) kind　(b) kindness　(c) kindly

❸ He looked (　　) at me.
(a) kind　(b) kindness　(c) kindly

❹ Thank you. I won't forget your (　　).
(a) kind　(b) kindness　(c) kindly

❺ I don't (　　) about the instructions.
(a) care　(b) careful　(c) carefully

〈注〉instruction 名 指示

❻ You have to take (　　) with the instructions.
(a) care　(b) careful　(c) carefully

❼ Read the (　　) instructions.
(a) care　(b) careful　(c) carefully

❽ Read the instructions (　　).
(a) care　(b) careful　(c) carefully

❾ You should be (　　) about the instructions.
(a) care　(b) careful　(c) carefully

❿ Bad impressions can be created (　　).

(a) amazing easy　(b) amazing easily

(c) amazingly easy　(d) amazingly easily

〈注〉impression 名 印象

演習問題 (p. 25)

次の文中に含まれる前置詞句を特定し，①「形容詞」②「副詞」のどちらの働きをしているか答えなさい。

❶ We will be landing at Narita Airport soon.

〈注〉land 動 着陸する

❷ Don't tell me you ate the cake in the box.

〈注〉Don't tell me ...? まさか…なんて言うんじゃないだろうね？

❸ Put your hands on your head!

❹ He was sitting in the corner of the room.

❺ Wash your hands with soap and water before lunch.

❻ On the way to my office I dropped in at a coffee shop.

❼ Where are you? I've been waiting for you right in front of the Hachiko Statue for over thirty minutes.

演習問題 (p. 39)

次の英文が第１文型 (SV) か第３文型 (SVO) かを指摘しなさい。

1 (a) She left Spain yesterday.

(b) She left for Spain yesterday.

2 (a) She attended the meeting last week.

(b) She attended to her child all night.

3 (a) He runs in the park after school.

(b) He runs a restaurant in the town.

4 (a) He has changed his hairstyle recently.

(b) He has changed greatly since his promotion.

〈注〉promotion [名] 昇進

演習問題 (p. 39)

次の英文を訳しなさい。

『桃太郎』｜おばあさんがおじいさんに拾ってきた桃を見せる場面

The old woman ran into the little room and brought out from the cupboard the big peach.

〈注〉cupboard [名] 戸棚

演習問題 (p. 46)

下線部の動詞はそれぞれ第何文型をとっているか答えなさい。

『アラジン』｜冒頭部の一節。アラジンの元にやってきた怪しい男。

The next day the stranger ① came again, ② brought Aladdin a beautiful suit of clothes, ③ gave him many good things to eat and ④ took him for a long walk, telling him stories all the while to amuse him.

〈注〉the next day [副] 次の日 | a suit of clothes [名] 上下一そろいの服 | all the while [副] その間中ずっと

文型の総合演習 (p. 57) 07

次の文が第何文型かを指摘し，文全体を日本語に訳しなさい。

1 (a) He suddenly turned toward the door.
(b) He slowly turned the wheel to the left.
(c) The leaves turned yellow.

〈注〉suddenly [副] 突然 | toward [前] …に向かって | wheel [名] ハンドル

2 (a) I found the book interesting.
(b) I found the book easily at that bookstore.
(c) I found my son an interesting book.

3 (a) She makes her husband a cup of coffee in the morning.
(b) She made a brief visit to Taiwan.
(c) Her jokes always make me laugh.

〈注〉brief [形] 短い

4 (a) You should keep all your receipts.
(b) In the library you should keep quiet.
(c) This will keep your head and ears warm.

〈注〉receipt [名] 領収書

演習問題 (p. 76)  08

次の下線部の to *do* はそれぞれどのような用法でしょうか。

❶

『シンデレラ』｜舞踏会に行けずに泣いているシンデレラの前に突然老女が現れる場面

〈注〉her は老女を指す。

Cinderella was so surprised to see her that she stopped crying.

❷

『桃太郎』｜冒頭の「おじいさんは山へしばかりに・・・」の場面

One day the old man went to the hills ①to gather firewood and the old woman took some clothes to the river ②to wash as usual.

〈注〉hill 名 山（mountain より低い小山）｜gather firewood しばかりをする（＝燃料となる木の枝などを集める）｜clothes 名 衣服; 洗濯物｜as usual いつものように

演習問題 (p. 82)  09

下線部の to 不定詞は，形容詞用法，名詞用法，副詞用法のどれでしょうか。

❶ The first step in his career path is to start his own business.

❷ He finally quit his job to start his own business.

❸ He gave up his attempt to start his own business.

演習問題 (p. 86)  10

下線部は分詞，動名詞，分詞構文のどれでしょうか。

❶ Waiting for the bus gave me a chance to observe my surroundings.

〈注〉observe 動 …を観察する｜surroundings 名 周囲にあるもの

❷ Waiting for the bus, he realized he had left his cell phone at home.

❸ The people waiting for the bus complained loudly about the long wait.

〈注〉complain 動 不満を言う ｜ loudly 副 大声で

演習問題 (p. 95) 11

関係詞節に(　)をつけなさい。

❶ Tell me about the company you work for.

❷ He is the person I respect most.

❸ The book you are reading is *Norwegian Wood*, isn't it?

❹ What was the name of the book you told me about the other day?

❺ The dress she is wearing today must be expensive.

❻ I like the color of the car my father bought last month.

❼ Didn't you know the man you were talking with is a famous actor?

❽ The city I visited last month has a lot of places you should definitely see.

演習問題 (p. 110) 12

次の英文の名詞句(動名詞，to 不定詞，疑問詞＋to 不定詞が導く名詞句に限る)と名詞節に[　]をつけなさい。

❶ He is proud of being a member of the team.

❷ We are now talking about who is responsible for the matter.

❸ Whether I am married or not is none of your business.

❹ The problem is that she believes whatever the man says to her.

❺ I think that's where you're wrong.

❻ We made it clear that what he had said was totally wrong.

❼ It can be hard to tell whether what you experienced was discrimination.

❽ It is certain that whether we will succeed or not depends on what assistance we can get.

❾ It can be said that how to make use of the library is a key for your academic life at college.

❿ I think that what is making me so upset is that what happened to Japan a long time ago is happening to this country right now.

演習問題 (p. 111) 13

次の英文を訳しなさい。

『北風と太陽』(イソップ物語) | 冒頭部

The North Wind and the Sun had a quarrel about which of them was the stronger.

〈注〉quarrel 口論

演習問題 (p. 126) 14

以下の❶～❸の下線部は形容詞節，名詞節，副詞節のどれでしょうか（なお，someone と we love の間には関係代名詞が省略されています）。

❶ We never forget the pain we feel when we have to say goodbye to someone we love.

❷ The time will surely come when we have to say goodbye to someone we love.

〈注〉surely 副 確実に

❸ We never know when we have to say goodbye to someone we love.

演習問題 (p. 126) 15

以下の❶～❸の下線部は，形容詞節，名詞節，副詞節のどれでしょうか。

❶ Can you tell me where you are going to live?

❷ My favorite restaurant is in the town where you are going to live.

❸ I once lived where you are going to live.

〈注〉once 副 かつて

総合演習 (p. 137) 16～28

次の英文を訳しなさい。下線部がある場合は下線部だけでよい。

1

『桃太郎』｜川の上流から桃が流れてきた場面 **難易度**｜★☆☆

Strangely, as soon as she began to repeat this song the peach began to come nearer to the bank where the old woman was standing.

〈注〉strangely 副 奇妙なことに ｜ come nearer「近づく」(come near) の near が比較級になったもの ｜ bank 名 (川の) 岸，川のほとり

2

『桃太郎』｜桃から男の子が飛び出てきた場面 **難易度**｜★☆☆

The old man and his wife were so astonished at what they saw that they fell to the ground.

〈注〉astonished 形 非常に驚いた ｜ fall to the ground 動 地面に倒れる

3

『桃太郎』｜「鬼を退治に行く」と言った桃太郎に対して **難易度**｜★☆☆

The old man was much surprised at hearing this from a boy of fifteen. He thought it best to let the boy go.

4

『かぐや姫』｜かぐや姫のもとへ押し寄せる男達に対する，おじいさんの返答

※he/him はおじいさん，her はかぐや姫のこと。 **難易度**｜★☆☆

He answered that since he was not her real father, he could not insist on her obeying him against her wishes.

〈注〉insist on -ing …することを強く要求する

5

『シンデレラ』｜王子が持ってきたガラスの靴がシンデレラの足にピッタリだった，という場面 **難易度**｜★☆☆

While everyone stared in astonishment, Cinderella drew from her pocket the other slipper and put it on.

〈注〉stare 動 見つめる | in astonishment 驚いて | slipper 名（室内で履く舞踏用の）靴

6

『かぐや姫』 | かぐや姫に結婚してほしいと懇願するおじいさん　**難易度** | ★★☆

He told her how anxious he was to see her safely and happily married before he died.

〈注〉married 形 結婚している

7

『猿と猫』（イソップ物語） | 冒頭部　**難易度** | ★★☆

Once upon a time a cat and a monkey lived as pets in the same house. They were great friends and were constantly wrapped up in all sorts of mischief together. What they seemed to think of more than anything else was to get something to eat, and it did not matter much to them how they got it.

〈注〉once upon a time 副 昔々（物語の始まりによく用いられる） | constantly 副 いつも | be wrapped up in ... 動 …に夢中になる | all sorts of ... あらゆる種類の… | mischief 名 いたずら | seem to *do* 動 …するように思われる，…のようだ | matter 動（S が）重要だ，問題だ

8

『シンデレラ』 | いなくなったシンデレラを王子が追う場面　**難易度** | ★★☆

When the prince came out onto the palace steps, he could see no sign of the lovely princess. The guards at the gate told him that nobody had passed there at all, except a little ragged kitchen maid; and the prince had to go back to the ball with only a little glass slipper to remind him of the beautiful lady with whom he was so desperately in love.

〈注〉guard 名 衛兵 | except 前 …を除いて | little 形 小柄な | ragged 形 ぼろぼろの服を着た | kitchen maid 名 女中（よその家に雇われて台所の仕事や雑用を行う女性） | ball 名 舞踏会 | slipper 名（室内で履く舞踏用の）靴 | desperately 副 ひどく，必死に

9

『眠れる森の美女』 | 冒頭部　**難易度** | ★★☆

Once upon a time there was a king and queen who for a very long time had no children, and when a little daughter was finally born, they were so pleased that they invited a number of fairies to a christening feast. But, unfortunately, they left out one old fairy, and she was so angry that she said the princess should die when she reached the age of sixteen, by pricking her hand with a spindle.

〈注〉fairy 名 妖精 ｜ a number of ... 多くの…；いくらかの…（ここでは前者）｜ christening feast 名 洗礼の宴 ｜ unfortunately 副 残念ながら，あいにく ｜ leave out 動 …を省く ｜ should 助 …することになるだろう（助動詞 shall の時制の一致）｜ prick 動（針で）…を刺す ｜ spindle 名 糸車の針

10

『犬と骨』（イソップ物語） **難易度** ｜ ★★☆

THE DOG AND HIS REFLECTION

① A dog, to whom the butcher had thrown a bone, was hurrying home with his prize as fast as he could go. As he crossed a narrow footbridge, he happened to look down and saw himself reflected in the quiet water as if in a mirror. But ② the greedy dog thought he saw a real dog carrying a bone much bigger than his own.

If he had stopped to think he would have known better. But ③ instead of thinking, he dropped his bone and sprang at the dog in the river, only to find himself desperately swimming to reach the shore. At last he managed to come out of the river, and ④ as he sadly stood thinking about the good bone he had lost, he realized how stupid he had been.

It is very foolish to be greedy.

〈注〉butcher 名 肉屋 ｜ bone 名 骨 ｜ prize 名 ご褒美 ｜ footbridge 名（歩行者専用の）橋 ｜ happen to *do* 動 たまたま…する ｜ greedy 形 欲深い ｜ know better 愚かではない（←よりよく知っている）｜ instead of ... 前 …の代わりに ｜ spring at ... 動 …に飛びかかる ｜ manage to *do* 動 何とかして…する

11

『かぐや姫』｜求婚してきた男達のうち誰かと結婚するようかぐや姫に懇願する

おじいさんに対して，かぐや姫が返答する場面　**難易度**｜★★☆

※最初の them は結婚を申し込んできた５人の男を指す。the princess はかぐや姫のこと。

The princess answered that even if she consented to marry any one of them his heart might change afterwards because he did not know her as she had been before.

〈注〉consent to *do* [動] …することに同意する ｜ marry [動] …と結婚する ｜ afterwards [副] その後で

12

『舌切り雀』｜可愛がっていた雀がいなくなったことに気づいたおじいさんがおばあさんを問い詰める場面　**難易度**｜★★★

※最初の her はおばあさんを指す。

When the old man gave her no peace, asking her again and again, and insisting that she must know what had happened to his pet, she confessed everything. She told him crossly that the sparrow had eaten the rice paste she had specially made for starching her clothes, and that when the sparrow had admitted to what it had done, in great anger she had taken her scissors and cut out its tongue, and that finally she had driven the bird away and forbidden it to return to the house again.

〈注〉give〈人〉no peace〈人〉をうるさくせきたてる ｜ insist [動] …だと強く主張する ｜ confess ... [動] …を白状する ｜ crossly [副] 不機嫌そうに ｜ sparrow [名] 雀 ｜ rice paste [名] 姫糊（米を煮て作った糊）｜ starch [動] …に洗濯のりをつける ｜ admit to ... [動] …を（事実だと）認める ｜ tongue [名] 舌 ｜ forbid O to *do*　O が…するのを禁止する

13

『かぐや姫』｜かぐや姫を連れ戻しに来た月の使者から，おじいさんがかぐや姫を守ろうとする場面　**難易度**｜★★★

The princess told the old man that all these measures to keep her would be useless, and that when her people came for her nothing could prevent them from carrying out their purpose. Then she added with tears that she was very, very sorry to leave the old man and his wife, whom she had learned to love as her parents, and that if she could do as she liked she would stay with them in their old age and try to pay them back for all the love and kindness they had given her during her earthly life.

〈注〉measure 名 対策 | come for ... 動 …を迎えに来る | purpose 名 目的 | tear 名 涙 | learn to *do* 動 …するようになる | in one's old age 歳をとって，老齢で | pay ... back 動 …にお返しをする | earthly 形 地上の

著者紹介

久保田智大（くぼた・ともひろ）

東京大学文学部英文科卒，ロンドン大学大学院（バークベック校）応用言語学科英語教授法専攻修了。現在は駿台予備学校英語科講師。著書に『論理を捉えて内容をつかむ　大学入試　英文解釈クラシック』（研究社），『大学入試 英作文バイブル 和文英訳編　解いて覚える必修英文100』『大学入試 英作文バイブル 自由英作文編　解いて覚えるモデル英文20』（Z会，共著）がある。

大学入試　基礎からの英文解釈クラシック

2024年 3 月29日　初版発行
2024年 5 月10日　2 刷発行

KENKYUSHA
〈検印省略〉

著　者　**久保田智大**
発行者　**吉田尚志**
発行所　**株式会社　研究社**
〒102-8152　東京都千代田区富士見2-11-3
電話　営業 03-3288-7777（代）　編集 03-3288-7711（代）
振替　00150-9-26710
https://www.kenkyusha.co.jp/
印刷所　**図書印刷株式会社**

本文デザイン　**佐野佳子（Malpu Design）**
組　版　**株式会社　理想社**
装　丁　**宮崎萌美（Malpu Design）**
編集協力　**米山達郎**
音声吹き込み　**Peter Serafin, Xanthe Smith**

ISBN 978-4-327-76497-5　C7082
Printed in Japan